Jiangsu Urbanization
Development Report 2014

江苏省城镇化发展报告

2014

东南大学出版社
SOUTHEAST UNIVERSITY PRESS
·南京·

内容提要

本书从江苏省农业转移人口市民化、城镇空间布局、城镇宜居环境、乡村发展、资源集约利用、综合交通运输等方面，整体评价了2013年江苏省城镇化和城乡发展一体化的成效与挑战。并着重从区域、市县、镇村三个层面，客观进行了人居空间和经济社会等城镇化相关指标分析，指出了全省城市群、市县、镇村城镇化发展特征。书中收录了江苏省年度城镇化大事以及省级空间规划编制、城市环境综合整治、村庄环境整治、绿色建筑发展等专题报告。

本书提出了可统计的城镇化指标体系，关注了全省新型城镇化和城乡发展一体化，具有一定的政策性和学术性，适合城乡规划、人文地理专业领域的高等院校师生、科研单位研究人员及相关政府管理部门人员阅读和参考。

图书在版编目（CIP）数据

江苏省城镇化发展报告. 2014 / 江苏省住房和城乡建设厅等编. —南京：东南大学出版社，2015.5
 ISBN 978-7-5641-5708-1

Ⅰ. ①江… Ⅱ. ①江… Ⅲ. ① 城市化-发展-研究报告-江苏省-2014 Ⅳ. ① F299.275.3

中国版本图书馆CIP数据核字（2015）第088102号

江苏省城镇化发展报告（2014）

编　　者	江苏省住房和城乡建设厅 江苏省推进城镇化工作联席会议办公室 江苏省城市科学研究会 江苏省城镇化和城乡规划研究中心
出版发行	东南大学出版社
社　　址	南京市四牌楼2号　（邮编：210096）
出 版 人	江建中
责任编辑	张新建
经　　销	全国各地新华书店
印　　刷	扬中市印刷有限公司
开　　本	889mm×1194 mm　1/16
印　　张	7
字　　数	150千
版　　次	2015年5月第1版
印　　次	2015年5月第1次印刷
书　　号	ISBN 978-7-5641-5708-1
定　　价	60.00元

本社图书若有印装质量问题，请直接与营销部联系，电话：025-83791830

《江苏省城镇化发展报告 2014》编写人员

编委会

主　　任　周　岚　顾小平

副 主 任　张　鑑　张　泉

编　　委　施嘉泓　范信芳　曹云华　陈浩东　赵庆红　唐宏彬　王　健　陈小卉

主　　编　周　岚　顾小平

副 主 编　张　鑑　张　泉

执行主编　陈小卉

编写人员　郑文含　刘　剑　何常清　邵玉宁　叶　晨　胡剑双　杨红平　孙华灿
　　　　　许　景　毕　波　丁志刚

　　本书编写过程中江苏省政府研究室、发展和改革委员会、经济和信息化委员会、教育厅、科学技术厅、公安厅、财政厅、人力资源和社会保障厅、国土资源厅、交通运输厅、水利厅、农业委员会、商务厅、卫生和计划生育委员会、环境保护厅、统计局、知识产权局、林业局等部门给予了大力支持，并提供相关资料，在此一并致以诚挚的谢意。

前　言

　　积极稳妥扎实推进城镇化、促进城乡发展一体化，是江苏加快转型发展、建设"美丽江苏"的重大战略举措。在2013年3月十二届全国人大一次会议期间，习近平总书记到江苏代表团指导工作，对江苏发展提出了"深化产业结构调整、积极稳妥推进城镇化、扎实推进生态文明建设"三项要求。2013年江苏省政府出台了一号文件《关于扎实推进城镇化　促进城乡发展一体化的意见》（苏政发〔2013〕1号），得到了国家主要领导人的批示肯定。文件明确"完善城镇化工作推进机制，加强城镇化进程的研究分析,定期发布城镇化发展报告,科学评价城镇化发展水平和推进质量"的要求。其后省政府办公厅下发了《关于扎实推进城镇化　促进城乡发展一体化意见实施方案》（苏政办发〔2013〕171号），明确了建立推进城镇化工作联席会议制度，联席会议办公室设在省住房和城乡建设厅，并将"建立城镇化发展报告发布机制"纳入年度重点任务。

　　为深入贯彻习总书记对江苏工作重要指示精神，落实省政府要求，省住房和城乡建设厅组织编制了江苏省城镇化发展报告。本报告按照国家新型城镇化的导向，落实"五位一体"布局要求，重点关注经济社会发展、资源利用、人居空间等方面，综合评价了2013年全省城镇化和城乡发展一体化的情况，分析了区域和地方城镇化特征，以期动态把握全省城镇化发展质量。

　　本报告中数据基准年为2013年。数据未特别注明的，分别来源于中国统计年鉴、中国能源统计年鉴、江苏省统计年鉴、江苏省交通统计年鉴、江苏省环境状况公报、江苏省水资源公报等。

目 录

综论篇 — 1

一、全省城镇化发展概述
1. 城镇化进程 — 2
2. 主要挑战 — 6
3. 国际比较 — 10

二、农业转移人口市民化
1. 农业转移人口 — 11
2. 公共服务与社会保障 — 11

三、城镇空间布局
1. 区域空间 — 13
2. 城镇功能 — 17

四、城镇宜居环境
1. 绿色生态城镇 — 19
2. 住房保障 — 25
3. 园林绿化 — 25
4. 历史文化保护 — 26
5. 市政公用设施 — 36

五、乡村发展
1. 村庄 — 38
2. 农村基础设施 — 38
3. 农村住宅和公共服务设施 — 38

六、资源环境
1. 土地资源 — 40
2. 水资源 — 40
3. 能源 — 40
4. 生态环境 — 41

七、综合交通运输体系
1. 区域交通 — 51
2. 城市交通 — 52
3. 城乡交通 — 54

区域篇 — 55

一、分城市群
1. 人口城镇化 — 56
2. 经济发展 — 57
3. 要素集聚 — 58
4. 资源集约 — 59

二、分地区	1. 人口城镇化	60
	2. 经济发展	60
	3. 要素集聚	61
	4. 资源集约	61

市县篇 63

一、省辖市	1. 人居空间	64
	2. 经济社会	66
二、县（市）	1. 人居空间	67
	2. 经济社会	72

镇村篇 75

一、镇	1. 乡镇	76
	2. 分市建制镇	77
	3. 重点中心镇	78
二、村庄		82

专题篇 83

	1. 省级空间规划编制	84
	2. 城市环境综合整治	89
	3. 村庄环境整治	92
	4. 绿色建筑发展	95

附录：城镇化大事记 99

01
Summary
综论篇

◇ 全省城镇化发展概述
◇ 农业转移人口市民化
◇ 城镇空间布局
◇ 城镇宜居环境
◇ 乡村发展
◇ 资源环境
◇ 综合交通运输体系

一、全省城镇化发展概述

1. 城镇化进程

（1）城镇化与工业化互动并进

"十二五"以来，全省城镇化率从 61.9% 提高到 64.1%，高出全国 10.4 个百分点。2013 年全省常住人口 7 939.49 万人，GDP 达到 59 161.8 亿元，人均 GDP 为 7.46 万元（约 1.2 万美元[1]），达到中等收入国家和地区水平；每平方公里国土面积承载的人口和 GDP 分别是全国平均水平的 5 倍和 9 倍。

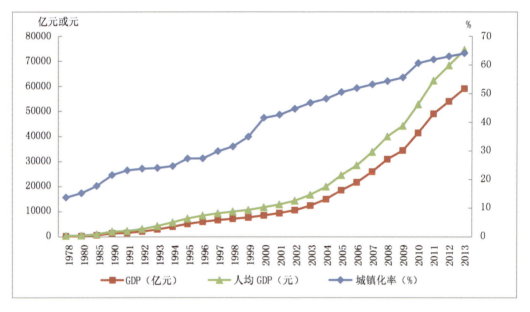

全省经济发展与城镇化进程（1978–2013 年）

---

[1] 2013 年汇率换算采用当年人民币对美元平均汇率中间价 6.1932:1。

（2）城乡空间格局不断优化

城市群集聚发展态势良好，形成以城市群为主体的城镇化空间格局。以深化实施全省城镇体系规划为抓手，全省初步形成了"紧凑城镇、开敞区域"的城乡空间格局，以城市（镇）带（轴）、都市圈为城镇重点集聚空间，苏北苏中水乡湿地、苏南丘陵山地为城镇点状发展的开敞型区域。其中沿江城市带、苏锡常都市圈要素集聚态势最为显著，分别以占全省36.28%、17.04%的土地，集聚了全省73.84%、43.01%的GDP和60.97%、30.80%的城镇人口。

城镇体系不断完善，初步形成大中小城市和各类城镇协调发展格局。特大城市和大城市发展迅速，2013年特大城市、大城市人口占全省城镇人口比例达到42.04%。乡镇布局逐步优化，2011-2013年建制镇（不包含城关镇和纳入城市建设用地范围的镇）镇域平均人口规模由5.34万人增长到6.46万人；镇区平均人口规模由1.52万人增长到2.03万人，建制镇数量由799个减少到772个。

2013年全省城镇规模结构

城镇规模	城镇数量（个）	城镇人口 数量（万人）	城镇人口 占比（%）
特大城市	1	599.65	11.78
大城市	9	1 540.46	30.26
中等城市	8	633.13	12.44
小城市	40	1 065.62	20.94
建制镇	772	1 251.15	24.58

注：按国发〔2014〕51号《国务院关于调整城市规模划分标准的通知》，特大城市城区常住人口500万以上1 000万以下，大城市城区常住人口100万以上500万以下，中等城市城区常住人口50万以上100万以下，小城市城区常住人口50万以下。建制镇不包含城关镇和纳入城市建设用地范围的镇。

数据来源：江苏省城市（县城）建设统计年报、各城市总体规划。

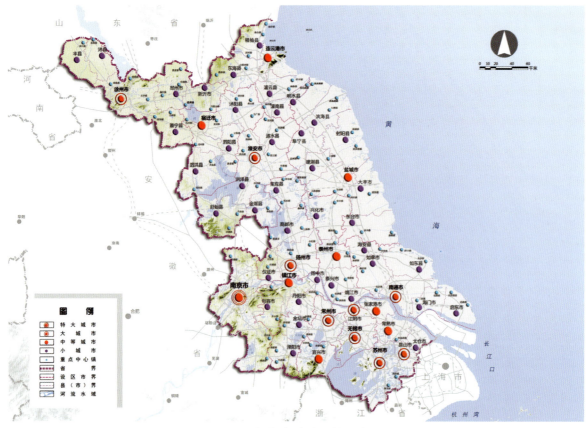

2013年全省城镇规模分布

(3) 居民生活水平持续提升

"十二五"以来,全省城镇居民人均可支配收入和农村居民人均纯收入年均增长率分别为11.1%和12.2%。2013年城镇居民人均可支配收入达32 538元,农村居民人均纯收入达13 598元,城乡居民收入比2.39:1,小于全国平均水平(3.03:1)。恩格尔系数逐年下降,城镇和农村居民家庭恩格尔系数分别由36.1%和38.5%下降到34.7%和36.3%。

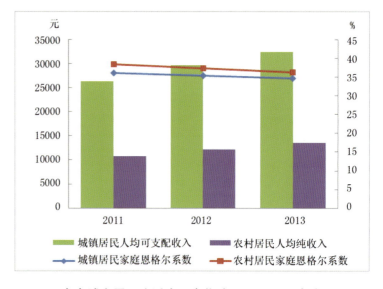

全省城乡居民生活水平变化(2011-2013年)

（4）城镇人居环境显著改善

城镇人居环境创建成果丰硕。截至2013年底，全省被命名的国家生态市（区、县）22个、国家环境保护模范城市21个、国家园林城市20个、国家生态工业示范园区9个[2]。南京、扬州、张家港、昆山获得联合国人居环境奖，南京、无锡等11个城市获得中国人居环境奖。

地表水环境质量有所改善。2011-2013年，全省地表水水质达到或优于Ⅲ类的断面比例提高10.3个百分点，劣Ⅴ类的比例减少17.5个百分点；太湖水质持续改善，太湖湖体综合营养状态指数由58.5下降到57.6，蓝藻高发区域面积和频次持续减少[3]。

节约型城乡建设深入推进。全省单位城镇建设用地二三产增加值为6.42亿元／平方公里[4]，节能建筑总量和可再生能源建筑应用面积均显著增加，保持全国规模最大。

全省2010年开始推进建筑节能和绿色建筑示范区建设。截至2013年底，全省共设立了37个建筑节能和绿色建筑示范区、3个绿色建筑和生态城区区域集成示范、4个绿色建筑示范城市[5]。

全省建筑节能发展情况

年份	绿色建筑		节能建筑总量（亿平方米）	可再生能源建筑应用面积（亿平方米）
	数量（项）	面积（万平方米）		
2010	28	278	6.42	0.73
2011	94	1 018	7.86	1.19
2012	190	2 091	9.40	1.71
2013	334	3 743	10.93	2.32

数据来源：江苏省住建厅

---

[2] 根据环保部、住建部相关项目名单整理。
[3] 数据来源：江苏省环境状况公报。
[4] 数据来源：根据江苏省国土厅建设用地数据计算。
[5] 数据来源：根据江苏省住建厅、江苏省财政厅《关于省级建筑节能专项引导资金补助项目的公示》整理。

(5) 城乡基本公共服务均等化进程加快

城乡基础设施统筹建设。2013年全省新改建农村公路4 900公里，改造农村公路桥梁1 380座；行政村客运班车通达攻坚工程基本完成，全省行政村（岛屿村除外）客运班车实现全覆盖；镇村公交开通率达到49.8%[6]。全省城镇污水处理能力达1 410万立方米／日，累计建成污水收集管网42 100公里。全省建制镇污水处理设施覆盖率达72%，城乡统筹区域供水乡镇覆盖率为83%。全省全年完成6.3万个村庄环境整治任务，累计完成12.8万个，显著改善了村庄环境面貌[7]。

全面合并实施城乡居民养老保险制度。28个统筹地区实现城镇居民医保和新农合制度或经办资源整合，35%的涉农县（市、区）实现城乡低保标准一体化[8]。城乡综合改革加快推进，建立了城乡统一管理的户籍制度和外来人口居住证制度，城乡建设用地增减挂钩试点有序开展，建立了被征地农民生活保障制度。

2. 主要挑战

(1) 城镇化发展动力压力

产业结构仍需进一步优化。虽然全省服务业发展步伐不断加快，但服务业比重仍然相对较低；工业增加值率仍需提升，工业结构有待优化。

全省第三产业增加值占GDP比重变化（2011-2013年）

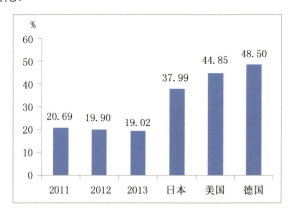
全省工业增加值率变化（2011-2013年）

数据来源：江苏省统计年鉴、世界银行数据库、国际工业统计年鉴。其中第三产业增加值占GDP比重世界均值为2012年数据。工业增加值率日本、美国、德国为2007年数据。

---

[6] 数据来源：江苏省交通厅。
[7] 数据来源：江苏省住建厅。
[8] 数据来源：《江苏省新型城镇化与城乡发展一体化规划（2014-2020）》。

自主创新能力有待提升。全省研发经费投入占GDP的比重呈增加态势，由2011年的2.20%提升到2013年的2.43%，达到1 440亿元；每万人专利申请量和授权量逐年提升，远高于沿海其它省份，但代表原创水平的发明专利授权量比重相对较低。

2013年部分省份专利申请和授权情况

	每万人专利		每万人发明专利			
	申请量（件）	授权量（件）	申请量（件）	占专利总量比值（%）	授权量（件）	占专利总量比值（%）
江苏	63.5	30.2	17.8	28.03	2.1	6.95
广东	24.8	16.0	6.5	26.21	1.9	11.88
浙江	53.5	36.8	7.8	14.58	2.0	5.43
山东	15.9	7.9	6.9	43.40	0.9	11.39

数据来源：江苏省、广东省、浙江省、山东省统计年鉴。

（2）城镇化发展人口压力

农业转移人口市民化面临压力。许多农业转移人口难以融入城市社会，全省常住人口城镇化率与户籍人口城镇化率相差约7个百分点。

人口老龄化趋势日益突出。2013年全省65岁及以上人口占总人口比重达到12.3%，高于全国平均水平2.6个百分点，并明显高于东部沿海其它省市。

人口素质有待进一步提升。虽然全省教育水平优于全国平均水平，但高等教育水平低于浙江，与国际发达水平差距则较为明显。

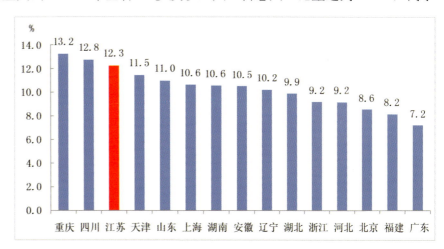

2013年全国部分省市65岁及以上人口比例

数据来源：中国统计年鉴。

2013 年部分省份常住人口受教育程度占比情况

	文盲（%）	小学（%）	初中（%）	高中（%）	大学及以上（%）
江苏	4.27	23.57	40.02	18.41	13.73
浙江	5.60	26.31	35.83	14.93	17.33
广东	3.22	22.48	45.52	20.58	8.20
山东	5.70	25.13	42.65	16.63	9.89
全国	4.99	26.36	40.81	16.52	11.32
发达国家	–	–	–	–	30.00

注："发达国家"教育水平依据经济合作与发展组织发布的《2012 年教育概览》。其中，加拿大拥有高等教育的人口比例达 51%、日本为 45%、美国为 42%。其它数据来源于中国统计年鉴。

（3）缩小城乡差距压力

城乡居民收入差距还需进一步缩小，农民持续增收长效机制尚待加强。2011-2013 年全省城乡居民收入比由 2.44:1 缩小为 2.39:1，但城镇居民人均可支配收入与农村居民人均纯收入差距由 2011 年的 15 536 元扩大到 2013 年的 18 940 元。农村的投入机制有待健全，城乡交通及公共基础设施、公共服务供给差距仍然明显，农村教育、医疗和社会保障水平较低。

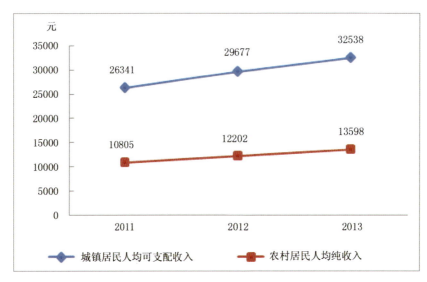

全省城乡居民收入变化（2011-2013 年）

（4）资源环境压力

耕地资源减少速度明显放缓，但耕地保护任务依然艰巨。

生态环境有待继续改善。2013年13个省辖城市环境空气质量均未达到二级标准[9]，大气污染区域性特征明显；地表水环境质量总体仍处于轻度污染。

单位GDP能耗控制整体水平较高，位列全国第四，但能源消费总量较大。

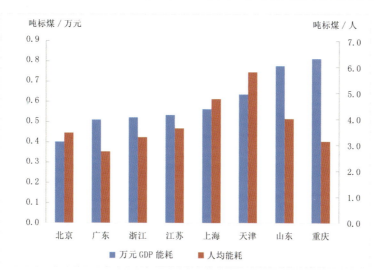

2012年全国部分省市万元GDP能耗、人均能耗比较*[10]

数据来源：根据中国能源统计年鉴的能源消费总量数据计算。

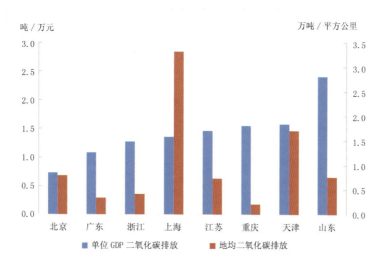

2012年全国部分省市二氧化碳排放强度比较*

数据来源：根据中国能源统计年鉴的各类能源消费量数据计算。

---

[9] 按照《环境空气质量标准》（GB3095-2012）二级标准进行评价。
[10] 文中带"*"，表示为2012年数据，2013年数据尚未公布。

3. 国际比较

全省经济发展、人口城镇化、资源集约利用水平逐步提升，部分指标超过世界均值，但与发达国家和地区相比，差距还有待进一步缩小。

部分国家和地区相关指标

	土地面积（万平方公里）	总人口（万人）	人均GDP（万元）	第三产业增加值占GDP比重（%）	65岁及以上人口占总人口比例（%）	城镇化率（%）	森林占土地面积比重（%）	万元GDP用水量（立方米/万元）	万元GDP能耗（吨标煤/万元）
欧盟	438.31	50 674	21.95	74.08	18.28	74.36	37.98*	23.30	—
德国	35.72	8 062	28.66	68.43	21.14	74.89	31.78*	14.20	0.20*
法国	54.91	6 603	26.32	78.49	17.86	79.06	29.31*	18.48	0.21*
英国	24.36	6 410	25.88	79.16	17.49	82.09	11.97*	7.98	0.17*
荷兰	4.15	1 680	31.46	75.88	17.01	89.27	10.82*	20.39	0.22*
俄罗斯	1 709.82	14 350	9.05	59.78	13.03	73.85	49.41*	51.78	—
美国	983.15	31 613	32.85	77.71*	13.96	81.28	33.32*	46.79	0.30*
澳大利亚	774.12	2 313	41.78	70.73	14.33	89.15	19.19*	23.73	0.20*
以色列	2.21	806	22.33	—	10.72	92.01	7.10*	11.03	0.21*
日本	37.80	12 734	23.93	73.18*	25.08	92.49	68.57*	30.02	0.17*
韩国	10.02	5 022	16.09	59.11	12.17	82.25	63.78*	32.02	0.49*
中国台湾	3.62	2 337	12.96	68.32	11.53	87.40*	58.07	57.54*	0.44
世界均值	—	—	6.57	70.18*	7.94	53.00	37.98*	84.87	—
江苏	10.26	7 939	7.46	44.66	12.34	64.11	23.25	84.30	0.57*

注：加"*"为2012年数据，其它为2013年数据。2013年汇率换算采用当年人民币对美元平均汇率中间价6.1932:1。数据来源于世界银行数据库、中国统计年鉴、中国台湾统计年鉴。江苏省万元GDP能耗根据中国能源统计年鉴的能源消费总量数据计算。

二、农业转移人口市民化

1. 农业转移人口

截至2013年底,全省累计转移农村劳动力1 843.9万人,2013年新增转移农村劳动力26.85万人[11]。2013年全省户籍人口城镇化率为57.4%[12]。全省暂住人口(暂住半年以上)总计1 133.81万人[13]。

解决农业转移人口、外来务工人员市民化问题,成为全省新型城镇化工作的重要任务。苏州市试点开展了居住证制度,积极提高外来人口基本公共服务水平,外来人口凭居住证可以享受文化教育、社会保障、就业服务、医疗卫生、交通出行、婚育收养、公共事业、资质证照办理等8大类17项市民待遇。

2. 公共服务与社会保障

(1) 农业转移人口就业创业

2013年全省共有15.1万人次农村劳动力享受职业技能培训鉴定获证奖补政策[14]。在全国率先建立覆盖城乡、直达到村、联系到户的公共就业服务平台,初步打造了城乡一体的"15分钟公共就业服务圈"。全省共培训农村劳动力56.04万人,已转移农村劳动力接受劳动技能培训率达41%[15]。

(2) 外来务工人员社会保险覆盖

目前,全省五大社会保险制度均已覆盖外来务工人员群体,有稳定劳动关系的外来务

---

[11] 数据来源:2013年度江苏省人力资源和社会保障事业发展统计公报。
[12] 户籍人口城镇化率按城镇户籍人口/户籍总人口计算。
[13] 数据来源:江苏省公安厅。
[14] 数据来源:2013年度江苏省人力资源和社会保障事业发展统计公报。
[15] 数据来源:江苏省人民政府《12333全国统一咨询日——走进农民工》新闻发布会。

人员都基本参加城镇各项社会保险。全面建立了统一的城乡居民社会养老保险制度,构建了覆盖城乡各类人群的基本养老保障制度体系。专门出台了外来务工人员参加医疗保险的指导性意见,将转移农村劳动力分别纳入不同的基本医疗保险。认真贯彻失业保险条例,积极将外来务工人员纳入城镇失业保险。

(3) 外来务工人员享受城镇公共服务

创建外来务工人员综合服务中心。2013年全省首批确定了16家服务功能全、社会影响好、充分发挥实际效能的示范外来务工人员服务中心[16],并给予每个示范中心资金补助。

努力实现平等教育。落实外来务工人员随迁子女[17]在输入地就学的同城同等待遇,2013年江苏首次实施了异地高考政策。

积极改善外来务工人员居住条件。完善住房保障制度,符合条件的外来务工人员可申请公共租赁住房。在外来务工人员集中的开发区、产业园区,集中建设宿舍型或单元型小户型公共租赁住房,积极改善外来务工人员居住条件。

(4) 外来务工人员合法权益维护

制定外来务工人员劳动合同示范文本,组织实施"小企业劳动合同制度实施三年行动计划"。全省各级劳动监察部门共追发外来务工人员工资等待遇6.62亿元,涉及外来务工人员18.03万人[18]。

---

[16] 数据来源:2013年度江苏省人力资源社会保障工作情况新闻发布会。
[17] 根据《省政府办公厅转发省教育厅等部门关于做好来苏务工就业人员随迁子女参加升学考试工作意见的通知》(苏政办发〔2012〕222号),指在我省取得普通高中学籍并有完整的普通高中学习经历,其监护人在我省有合法稳定职业、合法稳定住所(含租赁)的随迁子女。
[18] 数据来源:2013年度江苏省人力资源社会保障工作情况新闻发布会。

三、城镇空间布局

1. 区域空间

（1）城镇空间

城市（镇）带（轴）和都市圈地区的城镇发展较好，特别是沿江城市带、南京都市圈、苏锡常都市圈城镇建设稳步推进，城镇人口规模和经济总量占比高。

全省城镇空间组织范围界定

空间组织单元		城市名称
城市（镇）带（轴）地区	沿江城市带	南京市（除高淳区）、无锡市区、江阴市、常州市区、苏州市区、常熟市、张家港市、昆山市、太仓市、南通市区*、海安县*、如东县*、启东市*、如皋市*、海门市*、扬州市区、仪征市、镇江市区、丹阳市、扬中市、句容市、泰州市区、靖江市、泰兴市
	沿海城镇轴	南通市区*、海安县*、如东县*、启东市*、如皋市*、海门市*、盐城市区、响水县、滨海县、阜宁县、射阳县、建湖县、东台市、大丰市、连云港市区*、赣榆县*、东海县*、灌云县*、灌南县*
	沿东陇海城镇轴	徐州市区、丰县、沛县、睢宁县、新沂市、邳州市、宿迁市区、沭阳县、连云港市区*、赣榆县*、东海县*、灌云县*、灌南县*
都市圈地区	南京都市圈	南京市、扬州市区、宝应县、仪征市、高邮市、镇江市区、丹阳市、扬中市、句容市、盱眙县、金湖县
	徐州都市圈	徐州市区、丰县、沛县、睢宁县、新沂市、邳州市、宿迁市区
	苏锡常都市圈	无锡市区、江阴市、宜兴市、常州市区、溧阳市、金坛市、苏州市区、常熟市、张家港市、昆山市、太仓市
点状发展地区	苏北苏中水乡湿地	淮安市区、涟水县、洪泽县、盱眙县、金湖县、泗阳县、泗洪县、宝应县、高邮市、兴化市
	苏南丘陵山地	宜兴市、溧阳市、金坛市、南京市高淳区

注：加"*"表示因带轴交接而重复表述的市、县（市）。

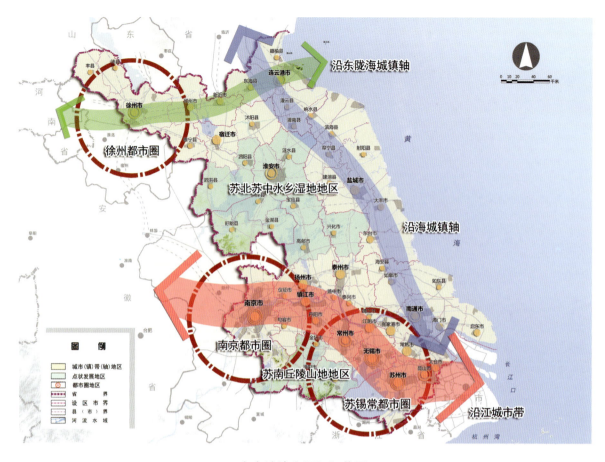

全省城镇空间组织范围

① 城市（镇）带（轴）地区

沿江城市带，城镇高度聚集，呈网络化发展趋势，也是全省重要的高新技术制造业集聚地区；沿海城镇轴，南部的南通地区与苏南地区、上海的交通联系不断加强，发展态势较好，拉大了与苏北地区发展的差距；沿东陇海城镇轴，中部尚未形成带动性强的新兴增长点。

2013 年城市（镇）带（轴）主要指标

	沿江城市带	沿海城镇轴	沿东陇海城镇轴
GDP（亿元）	43 687	10 300	7 322
总人口（万人）	4 377	1 895	1 609
城镇人口（万人）	3 103	1 097	912
人均 GDP（万元／人）	9.98	5.44	4.55
人口密度（人／平方公里）	1 176	581	690
单位土地 GDP（亿元／平方公里）	1.17	0.32	0.31

② 都市圈地区

都市圈地区是全省经济要素、城镇人口的主要集聚空间。2013 年南京、苏锡常、徐州三大都市圈以 50.45% 的土地面积集聚了全省 76.16% 的 GDP 和 65.52% 的城镇人口，城镇化率达到 68.52%。其中南京都市圈中心集聚趋势强化，中心城市的综合实力不断增强的同时，对周边地区的辐射带动作用逐步加强；苏锡常都市圈城镇空间拓展迅速，形成了高度密集的城镇连绵态势，内部城市间的合作协调加强，商贸、交通一体化趋势显现；徐州都市圈中心城市极化发展较为突出，辐射带动效应相对较弱。

2013 年都市圈主要指标

	南京都市圈	徐州都市圈	苏锡常都市圈
GDP（亿元）	14 618	4 993	25 447
总人口（万人）	1 680	1 012	2 175
城镇人口（万人）	1 180	587	1 568
人均 GDP（万元／人）	8.70	4.93	11.70
人口密度（人／平方公里）	805	754	1 244
单位土地 GDP（亿元／平方公里）	0.70	0.37	1.46

③ 点状发展地区[19]

全省两片点状发展区域与城市（镇）带（轴）和都市圈地区相比，呈现出不同的发展特征：区域人口密度相对不高，生态资源承载负荷相对较小，制造业总量规模相对较小，生态休闲旅游度假产业发展潜力巨大。在新型城镇化背景下，发展导向由"速度型"向"质量型"转变，点状发展地区生态资源与环境容量、特色文化与资源优势带来新的发展机遇，差别化发展、特色发展的比较优势将凸显。

2013年全省城镇空间分布

2013年点状发展地区主要指标

	苏北苏中水乡湿地	苏南丘陵山地
GDP（亿元）	4 083	2 675
总人口（万人）	933	299
城镇人口（万人）	486	176
人均GDP（万元/人）	4.38	8.95
人口密度（人/平方公里）	468	564
单位土地GDP（亿元/平方公里）	0.20	0.50

---

[19] 点状发展地区：是指城镇点状发展的地区。依据《江苏省城镇体系规划－2030年》，全省形成"紧凑城镇、开敞区域"的空间格局，其中"开敞区域"为苏北苏中水乡湿地和苏南丘陵山地两片点状发展地区。点状发展地区，具有城镇密度较低、农业发展条件好，但生态系统脆弱、生态功能特殊的特征，空间格局上依托现有城镇点状发展，避免蔓延成带连片，充分发挥保障农产品安全，为区域碳汇以及提供休闲旅游场所的功能。

（2）生态保护空间

全省共划定15类（自然保护区、风景名胜区、森林公园、地质遗迹保护区、湿地公园、饮用水水源保护区、海洋特别保护区、洪水调蓄区、重要水源涵养区、重要渔业水域、重要湿地、清水通道维护区、生态公益林、太湖重要保护区、特殊物种保护区）生态红线区域，总面积24 103.49平方公里。其中，陆域生态红线区域总面积22 839.58平方公里，占全省国土面积的22.23%；海域生态红线区域面积1 263.91平方公里[20]。从区域分布特征来看，点状发展地区生态红线区域面积占国土面积最大，其次为沿江城市带，沿东陇海城镇轴生态红线区域面积占国土面积比例最小。

全省分城市群生态红线区域面积

	生态红线区域面积（平方公里）			生态红线区域面积占国土面积比例（%）
	总面积	一级管控区	二级管控区	
沿江城市带	8 682.49	922.86	7 759.63	23.6
沿海城镇轴	6 873.58	1 202.35	5 671.23	21.2
沿东陇海城镇轴	3 984.76	281.29	3 703.47	17.2
点状发展地区	6 072.00	948.32	5 123.68	23.8

数据来源：江苏省生态红线区域保护规划。

2. 城镇功能

（1）开发区发展

全省省级及以上开发区131家，其中国家级开发区37家（含国家级经济技术开发区25家）；海关特殊监管区域（场所）21个，其中保税港区1个、综合保税区9个、出口加工区9个、保税物流中心2个；南北共建园区37家；知识产权园区52家[21]。

---

[20] 数据来源：江苏省生态红线区域保护规划。
[21] 数据来源：江苏省商务厅。

（2）城市基础设施建设与公共服务发展

苏南、苏中地区省辖市市区的污水处理率、每万人拥有公共交通车辆、每万人拥有公共图书馆图书藏量等指标高于苏北地区城市，设施建设质量和现代化水平较高。在道路设施、住房面积、医疗卫生服务等方面，全省省辖市市区的总体发展水平差距不大。

2013年省辖市市区城市基础设施建设与公共服务发展情况

城市	年末常住人口（万人）	人均拥有道路面积（平方米）	污水处理率（%）	人均公园绿地面积（平方米）	每万人拥有公共交通车辆（标台）	城市居民人均消费性支出（元）	人均住房建筑面积（平方米）	每万人拥有公共图书馆图书藏量（册）	每万人拥有卫生机构床位数（张）	每万人拥有执业（助理）医师（人）
南京市区	818.78	21.3	94.2	14.6	17.0	25 647	30.2	18 385	51	25
无锡市区	360.41	24.7	96.1	14.7	16.8	24 696	36.0	7 042	59	26
徐州市区	316.79	22.5	91.5	16.3	16.1	18 907	28.9	4 795	78	26
常州市区	337.39	25.5	94.4	12.8	23.6	23 090	41.7	6 755	49	24
苏州市区	546.83	27.9	95.5	15.1	21.6	25 197	43.6	6 422	51	22
南通市区	232.95	26.4	91.8	14.3	16.0	20 978	36.1	9 186	62	29
连云港市区	110.28	21.1	83.8	14.1	11.1	17 172	32.9	14 064	63	32
淮安市区	267.56	20.4	79.5	13.0	9.3	16 919	37.1	5 460	52	24
盐城市区	161.79	21.4	86.0	12.0	8.7	19 015	35.9	6 651	56	24
扬州市区	241.63	21.3	93.1	17.3	15.5	19 153	33.6	10 818	53	24
镇江市区	122.37	23.9	92.6	17.8	16.6	20 985	33.9	13 386	67	30
泰州市区	161.68	24.5	89.4	9.3	13.8	18 874	38.0	7 410	49	25
宿迁市区	152.80	27.7	90.1	13.0	14.0	13 496	41.0	3 547	40	15

四、城镇宜居环境

1. 绿色生态城镇

（1）绿色生态城（区）

全省目前已有多个城市获得联合国人居环境奖、中国人居环境奖、国家级生态示范区、国家生态市（区、县）、国家环保模范城市等称号。先后有7个市、区、镇获得国家低碳城市试点、国家绿色生态示范城区、国家绿色建筑产业集聚示范区、国家绿色低碳重点小城镇试点等低碳生态建设试点。

2013年全省国家绿色生态城（区）名录

类别	数量	名称	
联合国人居环境奖获奖城市	4	南京市、扬州市、张家港市、昆山市	
中国人居环境奖获奖城市	11	南京市、无锡市、扬州市、镇江市、江阴市、宜兴市、常熟市、张家港市、昆山市、太仓市、苏州吴江区	
国家级生态示范区	64	南京市（5）	江宁区、浦口区、六合区、高淳区、溧水区
		无锡市（2）	江阴市、宜兴市
		徐州市（5）	铜山区、丰县、沛县、睢宁县、邳州市
		常州市（3）	武进区、溧阳市、金坛市
		苏州市（7）	吴中区、相城区、吴江区、常熟市、张家港市、昆山市、太仓市
		南通市（6）	通州区、海门市、如东县、启东市、如皋市、海安县
		连云港市（4）	赣榆县、东海县、灌云县、灌南县

续表

类别	数量	名称	
国家级生态示范区	64	淮安市（6）	楚州区、淮阴区、涟水县、洪泽县、盱眙县、金湖县
		盐城市（9）	盐都区、亭湖区、响水县、滨海县、阜宁县、射阳县、建湖县、东台市、大丰市
		扬州市（5）	扬州市、邗江区、江都区、宝应县、仪征市
		镇江市（4）	丹徒区、丹阳市、扬中市、句容市
		泰州市（4）	姜堰区、兴化市、靖江市、泰兴市
		宿迁市（4）	宿豫区、沭阳县、泗阳县、泗洪县
国家生态市（区、县）	22	南京市（3）	江宁区、浦口区、高淳区
		无锡市（6）	无锡市、滨湖区、锡山区、惠山区、江阴市、宜兴市
		常州市（4）	常州市、武进区、溧阳市、金坛市
		苏州市（8）	苏州市、吴中区、相城区、吴江区、常熟市、张家港市、昆山市、太仓市
		南通市（1）	海安县
国家绿色生态示范城区	2	南京河西新城区、无锡市太湖新城	
国家绿色建筑产业集聚示范区	1	常州武进区	
国家低碳城市试点	3	苏州市、淮安市、镇江市	
国家绿色低碳重点小城镇试点	1	常熟市海虞镇	
国家环保模范城市	21	南京市（1）	南京市
		无锡市（3）	无锡市、江阴市、宜兴市
		徐州市（1）	徐州市
		常州市（3）	常州市、溧阳市、金坛市
		苏州市（6）	苏州市、吴江区、常熟市、张家港市、昆山市、太仓市

续表

类别	数量	名称	
国家环保模范城市	21	南通市（2）	南通市、海门市
		淮安市（1）	淮安市
		扬州市（1）	扬州市
		镇江市（2）	镇江市、句容市
		泰州市（1）	泰州市

资料来源：根据环保部、住建部、国家发改委相关项目名单整理。

（2）绿色建筑与节能建筑

截至2013年底，全省绿色建筑总面积累计达到3 742.9万平方米；节能建筑总量累计达到109 349万平方米，占城镇建筑总量的45%[22]。

2013年全省新增绿色建筑与节能建筑情况

类别		面积（万平方米）
绿色建筑		1 652
节能建筑	居住建筑	11 953
	公共建筑	3 701
	合计	15 654
可再生能源应用建筑	太阳能光热	5 676
	浅层地热	371
	合计	6 047
建筑节能改造	居住建筑	267
	公共建筑	321
	合计	588

数据来源：江苏省住建厅。

[22] 数据来源：江苏省住建厅。

2013 年全省建筑节能和绿色建筑示范区名录

类别	数量（个）	城市	名称
建筑节能和绿色建筑示范区	37	南京市（3）	南京紫东国际创意园
			南京新城科技园
			南京河西新城
		无锡市（5）	无锡中瑞低碳生态城
			江苏宜兴经济开发区科创新城
			江阴市敔山湾新城
			宜兴市建筑节能与绿色建筑示范区
			无锡新区
		徐州市（2）	徐州市沛县建筑节能与绿色建筑示范区
			徐州市新城区
		常州市（4）	武进高新区低碳小镇
			溧阳经济开发区城北工业园
			江苏省常州建设高等职业技术学校
			常州市东经120创意生态街区
		苏州市（6）	苏州工业园区中新生态科技城
			昆山花桥国际金融服务外包区
			张家港经济开发区中丹科技生态城
			苏州工业园区
			昆山开发区
			苏州吴中太湖新城

续表

类别	数量（个）	城市	名称
建筑节能和绿色建筑示范区	37	南通市（2）	苏通科技产业园一期
			如东县建筑节能与绿色建筑示范区
		连云港市（2）	连云港市徐圩新区
			连云港市经济技术开发区新海连·创智街区
		淮安市（2）	淮安市生态新城
			淮安工业园区
		盐城市（3）	盐城市聚龙湖商务商贸区
			大丰港经济区
			阜宁县城南新区一期
		扬州市（2）	扬州市广陵区
			扬州经济开发区临港新城
		镇江市（2）	镇江新区中心商贸区
			镇江市润州区
		泰州市（2）	泰州医药高新技术产业开发区
			靖江市滨江新城
		宿迁市（2）	宿迁市湖滨新城总部集聚区
			宿迁市古黄河绿色生态示范区
绿色建筑和生态城区区域集成示范	3	苏州市（1）	昆山花桥国际金融服务外包区
		淮安市（1）	淮安生态新城
		泰州市（1）	泰州医药高新技术产业开发区
绿色建筑示范城市（县、区）	4	盐城市、常州市武进区、宜兴市、太仓市	

资料来源：根据江苏省住建厅、江苏省财政厅《关于省级建筑节能专项引导资金补助项目的公示》整理。

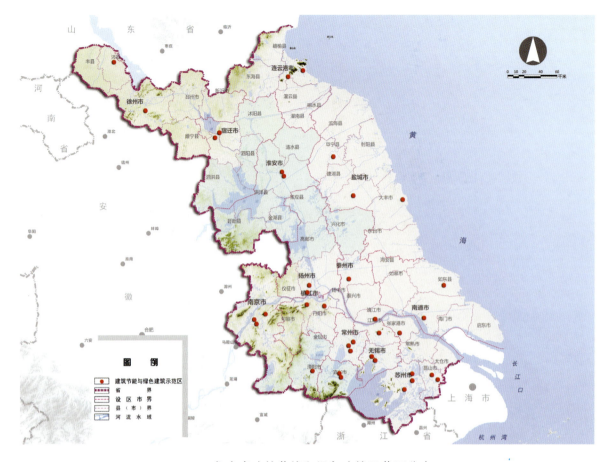

2013 年全省建筑节能和绿色建筑示范区分布

（3）中外合作生态产业园区

截至 2013 年底，全省共建有两个中外合作生态产业园区。

2013 年全省中外合作生态产业园区名录

类别	数量（个）	城市	所在开发区	名称
经贸领域的环保合作	2	镇江市	镇江经济技术开发区	中瑞（士）镇江生态产业园
		南通市	江苏南通苏通科技产业园区	中奥（地利）苏通生态产业园

资料来源：江苏省商务厅

2. 住房保障

全省继续把保障房建设列为保障和改善民生十件实事之一，采取了保障房建设新增用地继续实施计划单列与优先供应、省级财政资金引导、重视规划设计与项目建设监管、强化住房保障信息公开和分配管理等具体举措。2013年保障性安居工程实现新开工26.22万套，基本建成23.9万套（相比上年增加6.75万套），共完成投资约775亿元，保障性住房实现分配入住15.8万套。全面推进棚户区改造工作，2013年全省完成棚户区改造24.72万户。[23]

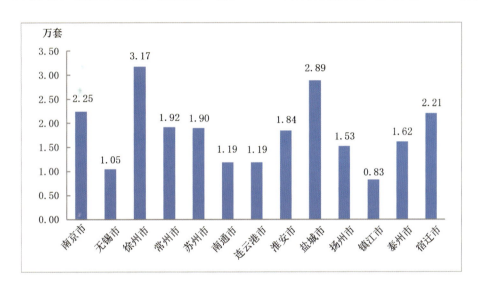

2013年分市保障性安居工程基本建成套数

数据来源：江苏省住建厅。

3. 园林绿化

2013年全省城市（县城）绿化覆盖面积为3 306.40平方公里，其中建成区为1 882.61平方公里，建成区绿化覆盖率达42.12%。城市（县城）园林绿地面积为2 912.02平方公里，其中建成区为1 732.38平方公里，建成区绿地率达38.75%。

2013年全省城市（县城）公园绿地面积为461.91平方公里，其中公园面积为217.76平方公里，公园数量为993个；人均公园绿地面积为13.51平方米。

---

[23] 数据来源：江苏省住建厅。

2013 年分市公园绿地建设情况

	公园绿地面积（公顷）	公园面积（公顷）	公园个数（个）
南京市	8 725.00	6 548.00	110
无锡市	4 875.00	2 647.00	68
徐州市	4 292.00	574.00	95
常州市	2 334.04	934.79	39
苏州市	6 649.00	3 872.00	311
南通市	3 359.00	920.00	61
连云港市	2 138.00	878.00	37
淮安市	2 606.89	634.00	25
盐城市	2 917.68	1 891.50	85
扬州市	2 575.00	331.00	17
镇江市	2 258.25	878.00	35
泰州市	1 592.74	689.00	46
宿迁市	1 868.75	978.75	64

4. 历史文化保护

江苏国家历史文化名城、中国历史文化名镇数量列全国之首。全省共拥有国家历史文化名城 11 座，省级历史文化名城 6 座，中国历史文化名镇 19 个，省级历史文化名镇 12 个，中国历史文化名村 3 个，省级历史文化名村 10 个，中国传统村落 16 个，省级历史文化保护区 1 个[24]。

---

[24] 省级历史文化保护区为大丰市草堰镇古盐运集散地保护区。

2013年全省历史文化名城一览表

类型	序号	名称	公布时间
国家历史文化名城（11座）	1	南京	1982
	2	苏州	
	3	扬州	
	4	镇江	1986
	5	常熟	
	6	徐州	
	7	淮安	
	8	无锡	2007
	9	南通	2009
	10	宜兴	2011
	11	泰州	2013
省级历史文化名城（6座）	1	高邮	1995
	2	常州	2001
	3	江阴	
	4	兴化	
	5	高淳	2009
	6	如皋	2012

资料来源：江苏省住建厅。

2013 年全省历史文化名镇一览表

地区	名称	称号	公布时间
南京市	淳溪镇（高淳区）	中国历史文化名镇	2007
无锡市	荡口镇（锡山区）	中国历史文化名镇	2010
	长泾镇（江阴市）	中国历史文化名镇	2010
	周铁镇（宜兴市）	省级历史文化名镇	2013
徐州市	窑湾镇（新沂市）	省级历史文化名镇	2009
常州市	孟河镇（新北区）	省级历史文化名镇	2013
苏州市	周庄镇（昆山市）	中国历史文化名镇	2003
	同里镇（吴江区）	中国历史文化名镇	2003
	甪直镇（吴中区）	中国历史文化名镇	2003
	沙溪镇（太仓市）	中国历史文化名镇	2005
	木渎镇（吴中区）	中国历史文化名镇	2005
	千灯镇（昆山市）	中国历史文化名镇	2007
	锦溪镇（昆山市）	中国历史文化名镇	2008
	沙家浜镇（常熟市）	中国历史文化名镇	2008
	东山镇（吴中区）	中国历史文化名镇	2010
	凤凰镇（张家港市）	中国历史文化名镇	2010
	光福镇（吴中区）	省级历史文化名镇	2001
	金庭镇（吴中区）	省级历史文化名镇	2001
	古里镇（常熟市）	省级历史文化名镇	2013

续表

地区	名称	称号	公布时间
南通市	余东镇（海门市）	中国历史文化名镇	2008
	白蒲镇（如皋市）	省级历史文化名镇	2013
	栟茶镇（如东县）	省级历史文化名镇	2013
淮安市	码头镇（淮阴区）	省级历史文化名镇	2013
盐城市	安丰镇（东台市）	中国历史文化名镇	2007
	富安镇（东台市）	省级历史文化名镇	2013
扬州市	邵伯镇（江都区）	中国历史文化名镇	2008
	大桥镇（江都区）	省级历史文化名镇	2013
镇江市	宝堰镇（丹徒区）	省级历史文化名镇	2013
泰州市	溱潼镇（姜堰区）	中国历史文化名镇	2005
	黄桥镇（泰兴市）	中国历史文化名镇	2005
	沙沟镇（兴化市）	中国历史文化名镇	2010

资料来源：江苏省住建厅。

2013年全省历史文化名村一览表

地区	名称	称号	公布时间
南京市	漆桥村（高淳区）	省级历史文化名村	2013
	杨柳村（江宁区）	省级历史文化名村	2013
无锡市	礼社村（惠山区）	中国历史文化名村	2010
	严家桥村（锡山区）	省级历史文化名村	2006
常州市	焦溪村（武进区）	省级历史文化名村	2013

续表

地区	名称	称号	公布时间
苏州市	陆巷村（吴中区）	中国历史文化名村	2006
	明月湾村（吴中区）	中国历史文化名村	2006
	杨湾村（吴中区）	省级历史文化名村	2013
	东村（吴中区）	省级历史文化名村	2013
	三山村（吴中区）	省级历史文化名村	2013
南通市	余西村（通州区）	省级历史文化名村	2013
镇江市	九里村（丹阳市）	省级历史文化名村	2006
	华山村（丹徒区）	省级历史文化名村	2013

资料来源：江苏省住建厅。

2013年全省中国传统村落一览表

序号	地区	名称	公布时间
1	南京市	杨柳村（江宁区）	2013
2		漆桥村（高淳区）	2013
3	无锡市	礼社村（惠山区）	2012
4		严家桥村（锡山区）	2013
5	常州市	杨桥村（武进区）	2013
6	苏州市	陆巷村（吴中区）	2012
7		明月湾村（吴中区）	2012
8		三山村（吴中区）	2013
9		杨湾村（吴中区）	2013
10		翁巷村（吴中区）	2013

续表

序号	地区	名称	公布时间
11	苏州市	东村（吴中区）	2013
12		李市村（常熟市）	2013
13	镇江市	华山村（新区）	2013
14		儒里村（新区）	2013
15		九里村（丹阳市）	2013
16		柳茹村（丹阳市）	2013

资料来源：江苏省住建厅。

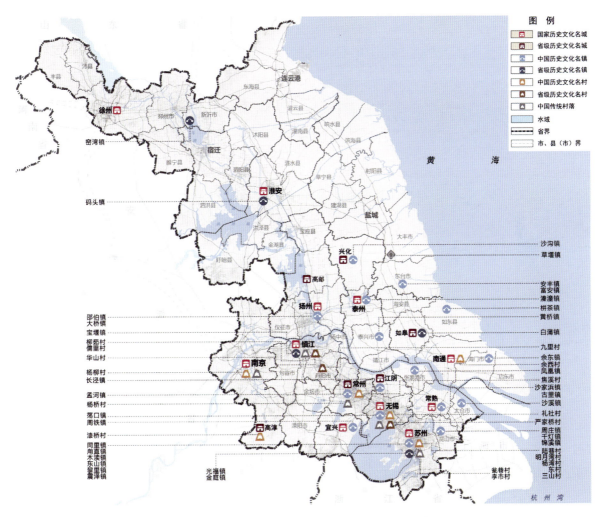

2013年全省历史文化名城、名镇、名村分布

2013 年全省历史文化街区名录

城市	街区名称	面积（公顷）
南京市	颐和路民国公馆区	35.19
	梅园新村民国住宅区	10.32
	南捕厅传统住宅区	3.17
	门西荷花塘传统住宅区	11.42
	门东三条营传统住宅区	4.27
	总统府历史建筑群	11.42
	朝天宫历史建筑群	9
	金陵机器制造局历史建筑群	13.8
	夫子庙传统文化商业区	20.03
	高淳历史文化街区	9
	七家村历史文化街区	2
无锡市	惠山古镇历史文化街区	15.4
	清名桥沿河历史文化街区	18.78
	荣巷历史文化街区	8.4
	小娄巷历史文化街区	1.19
	荡口历史文化街区（荡口镇）	5.86
江阴市	北大街历史文化街区	3.69
	长泾历史文化街区（长泾镇）	5.92
宜兴市	蜀山古南街历史文化街区	12.8
	月城街历史文化街区	2
	葛鲍聚居地历史文化街区	3
	周铁桥历史文化街区（周铁镇）	5.66

续表

城市	街区名称	面积（公顷）
徐州市	户部山历史文化街区	3
	状元府历史文化街区	3.6
新沂市	西大街历史文化街区（窑湾镇）	2.8
	中宁街历史文化街区（窑湾镇）	2.8
常州市	青果巷历史文化街区	8.2
	前后北岸历史文化街区	3
	南市河历史文化街区	2
	孟河历史文化街区（孟河镇）	—
苏州市	平江历史文化街区	47.4
	拙政园历史文化街区	12.2
	怡园历史文化街区	3.7
	山塘街历史文化街区	25.6
	阊门历史文化街区	21.9
	甪直历史文化街区（甪直镇）	15
	三桥历史文化街区（同里镇）	4.6
	木渎历史文化街区（木渎镇）	21.12
	西新街历史文化街区（东山镇）	6.94
	东新街历史文化街区（东山镇）	6.59
	翁巷历史文化街区（东山镇）	6.53
	黎里历史文化街区（黎里镇）	10.5
	芦墟历史文化街区（黎里镇）	2.5
	震泽历史文化街区（震泽镇）	12.98

续表

城市	街区名称	面积（公顷）
苏州市	光福历史文化街区（光福镇）	11.15
	西山历史文化街区（金庭镇）	-
常熟市	南泾堂历史文化街区	7.1
	西泾岸历史文化街区	11.5
	琴川河历史文化街区	10.4
	古里历史文化街区（古里镇）	-
	唐市历史文化街区（沙家浜镇）	9.3
昆山市	周庄历史文化街区（周庄镇）	8.42
	千灯石板街历史文化街区（千灯镇）	3.17
	上、下塘历史文化街区（锦溪镇）	5.36
	天水街历史文化街区（锦溪镇）	1.51
张家港市	凤凰历史文化街区（凤凰镇）	3.11
太仓市	沙溪历史文化街区（沙溪镇）	7.53
	直塘历史文化街区（沙溪镇）	4.23
南通市	濠南历史文化街区	36
	西南营历史文化街区	6.6
	寺街历史文化街区	11.6
	唐闸历史文化街区	25.7
如东县	栟茶历史文化街区（栟茶镇）	-
如皋市	东大街历史文化街区	4.11
	武庙历史文化街区	3.21
	白蒲历史文化街区（白蒲镇）	-

续表

城市	街区名称	面积（公顷）
海门市	石板街历史文化街区（余东镇）	4.3
淮安市	上坂街、驸马巷和龙窝巷历史街区	9
	河下古镇历史文化街区	23
	码头历史文化街区（码头镇）	-
扬州市	东关街历史文化街区	32.5
	仁丰里历史文化街区	12
	湾子街历史文化街区	32.5
	南河下历史文化街区	22.4
	大桥历史文化街区（大桥镇）	-
	邵伯历史文化街区（邵伯镇）	3.43
高邮市	城南历史文化街区	6.26
	城北历史文化街区	7.78
	城中历史文化街区	4.18
镇江市	西津渡历史文化街区	6
	伯先路历史文化街区	3.4
	大龙王巷历史文化街区	5.3
	宝堰历史文化街区（宝堰镇）	-
泰州市	五巷及涵西街历史文化街区	15
	城中历史文化街区	12
	涵东街历史文化街区	8
	渔行水村历史文化街区	8
	绿树院－院士旧居历史文化街区	4.5

续表

城市	街区名称	面积（公顷）
兴化市	北门历史文化保护区	3.53
	东门历史文化保护区	2.42
	沙沟历史文化街区（沙沟镇）	4.58
泰兴市	东片历史文化街区（黄桥镇）	6.8
	西片历史文化街区（黄桥镇）	4
东台市	古南街历史文化街区（安丰镇）	3.8
	富安历史文化街区（富安镇）	—

资料来源：江苏省住建厅。

5. 市政公用设施

（1）区域供水设施

2013年全省新增城乡统筹区域供水通水乡镇61个。其中，南京、泰州地区8个，苏北地区53个。截至2013年底，苏锡常、宁镇扬泰通地区区域供水规划范围内的乡镇基本实现了城乡统筹区域供水乡镇全覆盖，苏北地区城乡统筹区域供水乡镇覆盖率达64%。全省城乡统筹区域供水乡镇覆盖率达83%。[25]

（2）污水处理设施

2013年全省城市（县城）污水处理厂集中处理率为75.66%，城镇污水处理厂尾水再生利用率为12.9%。城市（县城）已建成污水处理厂190座，处理能力达到1 110万立方米/日。已建成镇级污水处理厂459座，处理能力达300万立方米/日，另有生态型生活污水处理设施或简易装置89座，处理能力约8.2万立方米/日。

2013年全省建制镇污水处理设施覆盖率达72%。苏南地区全部以及南通市、淮安市、徐

---

[25] 数据来源：江苏省住建厅。

州市建制镇污水处理设施覆盖率达90%以上。[26]

（3）环境卫生设施

2013年全省城市（县城）生活垃圾无害化处理率为94.6%，共建设无害化处理厂（场）64座，生活垃圾无害化处理能力为46 959吨/日，其中，卫生填埋场40座、垃圾焚烧厂24座。建制镇生活垃圾无害化处理率为64.56%。

---

[26] 数据来源：江苏省住建厅。

五、乡村发展

1. 村庄

2013 年全省行政村 14 658 个,自然村 189 191 个,村庄常住人口 2 849.48 万人。全省组织开展了 11 个市、县(区)优化镇村布局规划试点工作。全省全年完成 63 248 个村庄环境整治。截至 2013 年底,全省累计完成 128 110 个村庄环境整治,占自然村总数的 67.71%。

2. 农村基础设施

2013 年全省农村基础设施建设情况

主要指标	数量	覆盖率
实现集中供水的行政村(个)	13 864	94.58%
对生活污水进行处理的行政村(个)	3 774	25.75%
生活垃圾集中收运的行政村(个)	11 843	80.79%
全省新建设村庄道路(公里)	4 512.51	—
更新改造村庄道路(公里)	2 808.83	—
全省村庄硬化道路(公里)	60 993.02	—
镇村公交开通率(%)	49.8	—

3. 农村住宅和公共服务设施

2013 年全省村庄住宅建设竣工面积 1 903.30 万平方米,农村人均住宅面积 43.35 平方米。2013 年全省共设乡镇卫生院 1 064 个,床位 5.5 万张,卫生人员 7.1 万人。全省共设村卫生室1.56万个,其中执业(助理)医师1.09万人,乡村医生3.83万人[27]。

城乡教育难点问题得到进一步解决。加大教育投入,农村义务教育学校生均公用经费基准定额提高至每生每年小学700元、初中1 000元。大力开展留守儿童的心理健康教育,加大农村教师培训力度,创新培训形式,提高农村教师能力水平。[28]

---

[27] 数据来源:2013年江苏省卫生事业发展统计简报。
[28] 资料来源:江苏省教育厅。

六、资源环境

1. 土地资源

全省城镇建设用地、村庄建设用地面积与 2012 年相比分别增加了 2.3% 和 0.3%。单位城镇建设用地二三产增加值为 6.42 亿元 / 平方公里，与 2012 年相比提高了 7.2%。[29]

2. 水资源

2011-2013 年全省水资源利用总量和万元 GDP 用水量逐年减少。

全省水资源利用变化（2011-2013 年）

年份	用水总量（亿立方米）	万元 GDP 用水量（立方米 / 万元）
2011	556.2	114
2012	552.2	102
2013	498.9	84

数据来源：江苏省水资源公报。

3. 能源

2013 年全省万元 GDP 能耗较 2012 年下降 4.16%[30]。2013 年全省能源消费总量为 30 293.98 万吨，较上年增加 5%。

---

[29] 数据来源：江苏省国土厅。单位城镇建设用地二三产增加值根据江苏省国土厅建设用地数据计算，包括城市、建制镇和交通运输用地，未包括采矿用地、风景名胜及特殊用地、水利设施用地。
[30] 数据来源：国家发改委公告 2014 年第 9 号。

4. 生态环境

（1）生态空间

2013年全省共有省级以上自然保护区13个，总面积4 216.59平方公里。其中，国家级自然保护区3个，总面积3 362.11平方公里，省级自然保护区10个，总面积854.48平方公里。[31]

2013年全省省级以上自然保护区名录

序号	级别	地区	名称	面积（平方公里）
1	国家级	盐城市	盐城市珍禽国家级自然保护区	2 841.79
2		盐城市	江苏大丰麋鹿国家级自然保护区	26.67
3		宿迁市	江苏泗洪洪泽湖湿地国家级自然保护区	493.65
4	省级	无锡市	宜兴龙池山自然保护区	1.23
5		徐州市	徐州市泉山自然保护区	3.70
6		常州市	溧阳市上黄水母遗址保护区	0.40
7		苏州市	光福自然保护区	0.61
8		南通市	启东长江口（北支）湿地省级自然保护区	214.91
9		连云港市	云台山自然保护区	0.67
10		淮安市	涟漪湖黄嘴白鹭自然保护区	34.33
11			洪泽湖东部湿地自然保护区	540.00
12		镇江市	宝华山自然保护区	1.33
13			江苏镇江长江豚类自然保护区	57.30

资料来源：江苏省环保厅。

2013年全省共有省级以上风景名胜区22个，其中国家级5个，省级17个，总面积约1 756.01平方公里。

---

[31] 数据来源：江苏省环保厅。

2013年全省省级以上风景名胜区名录

序号	级别	地区	名称	面积（平方公里）
1	国家级	南京市	南京钟山风景名胜区	35.04
2		无锡市、苏州市	太湖风景名胜区	888.00
3		连云港市	连云港云台山风景名胜区	167.38
4		扬州市	扬州蜀岗-瘦西湖风景名胜区	7.43
5		镇江市	镇江三山风景名胜区	17.32
6	省级	南京市	南京雨花台风景名胜区	1.13
7			南京夫子庙-秦淮风光带风景名胜区	3.14
8		徐州市	新沂马陵山风景名胜区	28.41
9			徐州云龙湖风景名胜区	38.50
10			邳州艾山风景名胜区	23.50
11		苏州市	苏州虎丘山风景名胜区	1.25
12			苏州枫桥风景名胜区	0.14
13		南通市	南通狼山风景名胜区	5.00
14			南通濠河风景名胜区	2.00
15		淮安市	盱眙第一山风景名胜区	3.85
16		盐城市	建湖九龙口风景名胜区	60.00
17		镇江市	镇江南山风景名胜区	13.14
18			句容九龙山风景名胜区	21.80
19		镇江市、常州市	茅山风景名胜区	32.00
20		泰州市	姜堰溱湖风景名胜区	26.00
21		宿迁市	宿迁骆马湖-三台山风景名胜区	331.08
22			宿迁古黄河-运河风光带风景名胜区	49.90

资料来源：江苏省住建厅。

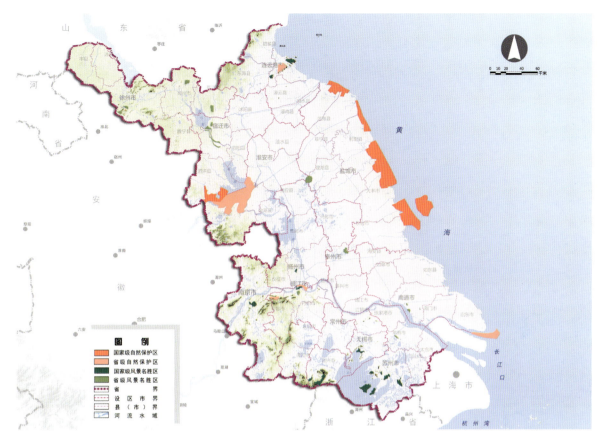

2013 年全省自然保护区和风景名胜区分布

资料来源：根据江苏省生态红线区域保护规划和相关风景名胜区总体规划整理。

2013 年全省共有省级以上森林公园 66 个，其中，国家级森林公园 18 个，总面积约 423.8 平方公里；省级森林公园 48 个，总面积约 463.2 平方公里[32]。

2013 年全省省级以上森林公园名录

序号	级别	地区	名称	面积（平方公里）
1			南京紫金山国家森林公园	30.1
2	国家级	南京市	南京栖霞山国家森林公园	10.2
3			江苏游子山国家森林公园	36.8

[32] 数据来源：江苏省林业局。

续表

序号	级别	地区	名称	面积（平方公里）
4		无锡市	惠山国家森林公园	9.4
5			宜兴国家森林公园	34.0
6		徐州市	徐州环城国家森林公园	13.3
7			邳州银杏博览园	20.0
8			上方山国家森林公园	5.0
9			东吴国家森林公园	12.0
10		苏州市	西山国家森林公园	80.0
11	国家级		苏州大阳山国家森林公园	10.3
12			虞山国家森林公园	15.0
13		连云港市	云台山国家森林公园	20.0
14		淮安市	第一山国家森林公园	14.0
15			盱眙铁山寺国家森林公园	70.6
16		镇江市	南山国家森林公园	10.0
17			宝华山国家森林公园	17.1
18		泰州市	泰兴国家古银杏公园	16.0
19			牛首山省级森林公园	6.7
20			南京南郊省级森林公园	10.0
21			南京无想寺省级森林公园	12.8
22	省级	南京市	六合金牛湖省级森林公园	21.3
23			南京平山省级森林公园	22.1
24			六合方山省级森林公园	5.5
25			南京幕燕省级森林公园	7.1

续表

序号	级别	地区	名称	面积（平方公里）
26	省级	南京市	江宁方山省级森林公园	4.1
27			南京大塘金省级森林公园	4.3
28			南京老山省级森林公园	20.0
29		无锡市	江阴要塞省级森林公园	2.7
30			无锡阳山省级森林公园	4.8
31			宜兴竹海省级森林公园	6.7
32			宜兴太华山省级森林公园	8.3
33		徐州市	马陵山省级森林公园	9.5
34			邳州黄草山省级森林公园	13.3
35			邳州古栗省级森林公园	4.0
36			睢宁梁山省级森林公园	5.5
37			徐州贾汪大洞山省级森林公园	13.5
38		常州市	茅东省级森林公园	18.9
39			溧阳西郊省级森林公园	1.1
40			龙潭省级森林公园	1.5
41			瓦屋山省级森林公园	16.7
42		苏州市	太湖东山省级森林公园	3.3
43			常熟滨江省级森林公园	1.9
44			香雪海省级森林公园	16.7
45			苏州桃源省级森林公园	2.1
46		南通市	狼山省级森林公园	11.6
47		连云港市	锦屏山省级森林公园	12.8
48			连云港北固山省级森林公园	4.5

续表

序号	级别	地区	名称	面积（平方公里）
49	省级	连云港市	连云港花果山省级森林公园	11.9
50			东海青松岭省级森林公园	14.3
51			灌云大伊山省级森林公园	3.9
52		淮安市	洪泽古堰省级森林公园	10.2
53		盐城市	盐城华都省级森林公园	2.7
54			东台黄海省级森林公园	28.0
55			射阳海滨省级森林公园	19.0
56			大丰林海省级森林公园	24.7
57		扬州市	高邮东湖省级森林公园	10.0
58			扬州西郊省级森林公园	4.7
59			铜山省级森林公园	1.4
60		镇江市	东进省级森林公园	15.1
61		泰州市	姜堰溱湖省级森林公园	13.3
62			姜堰白米省级森林公园	2.0
63		宿迁市	三台山省级森林公园	3.8
64			宿迁古黄河省级森林公园	16.6
65			泗洪洪泽湖省级森林公园	6.6
66			宿迁骆马湖省级森林公园	1.7

资料来源：江苏省林业局。

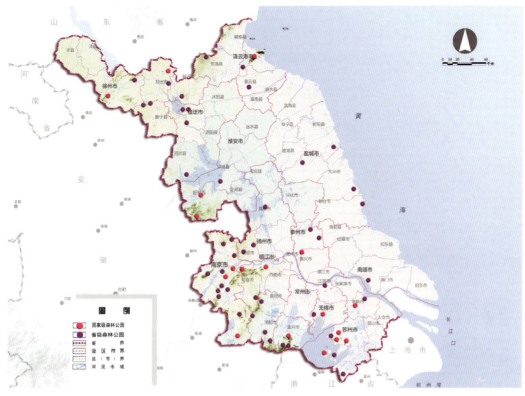

2013年全省森林公园分布

2013年全省共有国家级水利风景区39个。

2013年全省国家级水利风景区名录

序号	地区	名称
1		南京市金牛湖水利风景区
2	南京市	南京外秦淮河水利风景区
3		南京市珍珠泉水利风景区
4		南京市天生桥河水利风景区
5		无锡梅梁湖水利风景区
6	无锡市	宜兴市横山水库水利风景区
7		无锡市滨湖区长广溪水利风景区

续表

序号	地区	名称
8	徐州市	徐州市云龙湖水利风景区
9		徐州市故黄河水利风景区
10		邳州市艾山九龙水利风景区
11		徐州经济技术开发区金龙湖水利风景区
12		徐州市潘安湖水利风景区
13	常州市	溧阳市天目湖旅游度假水利风景区
14	苏州市	苏州胥口水利风景区
15		太仓市金仓湖水利风景区
16		张家港市环城河水利风景区
17		苏州市旺山水利风景区
18	南通市	如皋市龙游水利风景区
19	连云港市	赣榆县小塔山水库水利风景区
20		连云港市花果山大圣湖水利风景区
21		连云港市海陵湖水利风景区
22	淮安市	淮安市古运河水利风景区
23		淮安市樱花园水利风景区
24		盱眙县天泉湖水利风景区
25		淮安市清晏园水利风景区
26		淮安市古淮河水利风景区
27	盐城市	盐城市通榆河枢纽水利风景区
28		盐城市大纵湖水利风景区
29	扬州市	瓜洲古渡水利风景区

续表

序号	地区	名称
30	扬州市	宝应县宝应湖水利风景区
31		扬州市凤凰岛水利风景区
32	泰州市	泰州凤凰河水利风景区
33		姜堰市溱湖水利风景区
34	宿迁市	宿迁市中运河水利风景区
35		泗阳县泗水河水利风景区
36	厅直属	江都水利枢纽水利风景区
37		淮安水利枢纽水利风景区
38		三河闸水利风景区
39		泰州引江河水利风景区

资料来源：江苏省水利厅。

（2）环境质量

2013年全省大气环境中主要超标污染物为PM2.5、PM10和二氧化氮；长江干流达到地表水Ⅲ类标准，太湖湖体氨氮年均浓度均达到Ⅱ类水质标准，总磷年均浓度符合Ⅳ类标准，总氮年均浓度劣于Ⅴ类标准，淮河干流达到地表水Ⅲ类标准。

2013年全省主要环境质量指标

污染物	大气环境			水环境		声环境			生物环境	
	年均浓度（微克/立方米）	环境空气质量标准（GB3095-2012）		水质	断面比例（%）	声环境功能区	达标率（%）		河流底栖动物物种多样性	断面占比（%）
		二级	一级				昼间	夜间		
PM2.5	73	35	15	Ⅲ类	45.8	1类	99.3	89.9	丰富	4.4
PM10	115	70	40	Ⅳ-Ⅴ类	51.8	2类	97.8	93.3	较丰富	33.3

续表

污染物	大气环境			水环境		声环境			生物环境	
	年均浓度（微克/立方米）	环境空气质量标准（GB3095-2012）		水质	断面比例（%）	声环境功能区	达标率（%）		河流底栖动物物种多样性	断面占比（%）
		二级	一级				昼间	夜间		
二氧化硫	35	60	20	劣Ⅴ类	2.4	3类	99.3	98.6	一般	31.9
二氧化氮	41	40	40			4a类	98.8	73.2	贫乏	15.9
						4b类	100	100	极贫乏	8.7
									未采集到	5.8

数据来源：江苏省环境状况公报。

（3）污染物排放

2013年全省废气中二氧化硫和烟（粉）尘的主要来源为工业，氮氧化物主要来源为工业和机动车；废水中COD和氨氮的主要来源为生活和农业。

2013年全省主要污染物排放量

		总量（万吨）	工业排放占比（%）	生活排放占比（%）	农业排放占比（%）	垃圾和危险废物集中式治理设施排放占比（%）	机动车排放占比（%）
废水和水污染物	废水	592 000	37.15	62.80	—	0.05	—
	COD	114.89	18.21	48.63	32.74	0.42	—
	氨氮	14.74	9.77	63.91	25.92	0.40	—
大气污染物	二氧化硫	94.17	96.72	3.25	—	0.03	—
	氮氧化物	133.80	73.63	0.46	—	0.04	25.87
	烟（粉）尘	42.52	88.99	4.56	—	0.05	6.40

注：农业源排放的大气污染物未作统计。数据来源于江苏省环境状况公报。

七、综合交通运输体系

1. 区域交通

（1）基础设施建设

2013年全省铁路营业里程2554公里，同比增长8.77%。宁杭高铁通车后，长三角核心城市上海、南京和杭州基本实现1小时通达。

全省公路总里程156094公里，同比增长1.28%，其中高速公路里程4443公里，同比增长1.65%。公路网络密度为152公里/百平方公里，同比增长1.33%。

全省等级航道里程8491公里，同比增长2.68%，其中五级及以上内河航道里程新增322公里，同比增长10.00%。

全省港口生产用码头设计综合通过能力17.10亿吨，同比增长8.29%，其中，集装箱能力达到1424万标箱，同比增长16.63%。

全省民航旅客设计吞吐能力3000万人次，同比增长17.69%；设计货邮吞吐能力50万吨，同比增长7.76%。

（2）交通运输服务

2013年全省完成综合客运量15.22亿人，综合客运周转量1451亿人公里；综合货运量19.40亿吨，综合货运周转量10536亿吨公里。

全省港口完成货物吞吐量21.40亿吨，同比增长9.50%；集装箱吞吐量1663万标箱，同比增长3.94%。

全社会物流总费用与GDP的比率为15.2%，较去年下降0.2个百分点，比全国低2.7个百分点。

2. 城市交通

（1）道路桥梁设施

2013年全省设市城市新增道路长度2 008.1公里，新增城市道路面积4 531.99万平方米，新增城市桥梁435座，城市道路长度达到36 974.55万公里，道路面积达到6.70亿平方米，城市桥梁数总计13 357座。人均城市道路面积23.22平方米，比上年增加0.87平方米。县城新增道路长度39.04公里，新增道路面积247.36万平方米，减少县城桥梁9座，县城道路长度达到5 058.35万公里，道路面积0.96亿平方米，县城桥梁数814座；人均拥有道路面积18.35平方米，比上年增长0.58平方米。[33]

（2）城市公共交通

全省拥有城市公交运营线路3 019条，比上年增加83条；公交运营线路总长度53 903万公里，比上年增加1 018公里。其中，BRT运营线路达到464.6公里，含常州市224公里、盐城市138公里、连云港市102.6公里。[34]

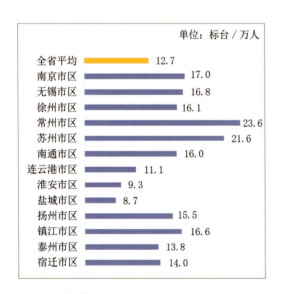

2013年省辖市市区每万人拥有公共交通车辆数量

2013年省辖市市区城市公交出行分担率[35]

---

[33] 数据来源：江苏省住建厅。
[34] 数据来源：江苏省城市客运发展报告。
[35] 数据来源：江苏省交通厅。

全省城市轨道交通运营里程143.05公里，站点106个，含南京市区84.75公里、苏州市区52.30公里和昆山市6公里[36]。

全省省辖市市区每万人拥有公共交通车辆数量为12.7标台，比上年增加1.0标台；城市公交出行分担率约为22.2%，比上年增加1.4个百分点。城市公交客运总量为666 715万人次，比上年增加22 449万人次，同比增长3.19%。

2013年全省城市公交客运量

公交方式	公共汽（电）车	出租汽车	城市轨道交通	客运轮渡
客运总量（万人次）	453 366	162 388	50 331	630
占比（%）	68.00	24.36	7.55	0.09

（3）私人汽车保有量

全省私人汽车保有量790.1万辆，净增132.8万辆，同比增长20.21%。其中，私人轿车保有量554.6万辆，净增98.7万辆，同比增长21.64%，是道路用地增长速度的3.28倍。

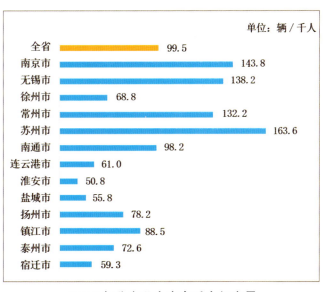

2013年分市私人汽车千人保有量

---

[36] 数据来源：江苏省住建厅。

（4）自行车交通

公共自行车发展迅速。2013年全省共有11个省辖市初步建成公共自行车系统，合计配备公共自行车数量10.73万辆，其中，苏州全市投入总量为5.81万辆，达到全省总量的54.1%[37]。

3. 城乡交通

农村交通出行条件持续改善。2013年全省农村客运站总数达18 978个，累计开通农村客运班线2 050条，平均日发班次48 639次。全省镇村公交开通率49.8%，同比增长11个百分点。建制村客运班车通达率达100%。

---

[37] 数据来源：江苏省住建厅。

02

Regions

区域篇

◇ 分城市群
◇ 分地区

一、分城市群

1. 人口城镇化

沿江城市带、南京都市圈、苏锡常都市圈城镇化率超过 70%，成为全省城镇化的主要集聚发展空间，苏北苏中水乡湿地地区城镇化率低于全国平均水平（53.7%），其它地区城镇化率低于全省平均水平（64.1%）。

沿江城市带、南京都市圈、苏锡常都市圈户籍人口城镇化率接近或超过 65%，苏北苏中水乡湿地地区略低于全国平均水平（36%），其它地区约为 44%-48%。

沿江城市带、苏锡常都市圈分别集聚了全省 81.92%、57.84% 的暂住人口[38]，暂住人口占常住人口比例分别为 21.22%、30.14%，这与该地区较强的经济产业就业吸引相关，较大规模的外来人口也为该地区城市公共服务设施配套、扩大社会保障覆盖面、拓宽住房保障渠道带来挑战。南京都市圈、沿海城镇轴暂住人口占常住人口比例分别为 12.86%、7.16%。沿东陇海城镇轴、徐州都市圈、苏北苏中水乡湿地、苏南丘陵山地地区暂住人口数量相对较少。

2013 年分城市群人口城镇化相关指标

地区		城镇化率（%）	户籍人口城镇化率（%）	暂住人口（万人）
城市带	沿江城市带	70.9	66.8	928.86
城镇轴	沿海城镇轴	57.9	45.6	135.64
	沿东陇海城镇轴	56.7	44.1	79.78
都市圈	南京都市圈	70.3	64.7	216.11
	徐州都市圈	58.0	46.1	44.66

---

[38] 此处及下文中暂住人口指暂住半年以上人口。

续表

地区		城镇化率（%）	户籍人口城镇化率（%）	暂住人口（万人）
	苏锡常都市圈	72.1	67.1	655.79
点状发展地区	苏北苏中水乡湿地	52.1	34.0	53.82
	苏南丘陵山地	59.0	48.0	20.71

注：城镇化率根据江苏全面建成小康社会进程监测统计报告、全省及苏南基本实现现代化进程监测统计报告中分市县城镇化率计算。户籍人口城镇化率按城镇户籍人口/户籍总人口计算。暂住人口指暂住半年以上人口。户籍人口城镇化率、暂住人口根据江苏省公安厅相关数据计算。

2. 经济发展

2013年分城市群经济发展相关指标

地区		人均GDP（万元/人）	三次产业结构			农业劳动生产率（万元/人）
			一产比例（%）	二产比例（%）	三产比例（%）	
城市带	沿江城市带	9.98	2.85	50.83	46.32	4.23
城镇轴	沿海城镇轴	5.44	10.62	49.19	40.19	3.40
	沿东陇海城镇轴	4.55	11.33	47.18	41.49	2.61
都市圈	南京都市圈	8.70	4.31	47.01	48.68	4.38
	徐州都市圈	4.93	9.90	47.98	42.12	2.51
	苏锡常都市圈	11.70	1.97	52.30	45.73	6.71
点状发展地区	苏北苏中水乡湿地	4.38	14.21	45.55	40.24	3.24
	苏南丘陵山地	8.95	5.90	52.39	41.71	4.73
	全省平均	7.46	6.16	49.18	44.66	3.81

3. 要素集聚

全省经济、人口要素的空间集聚态势基本一致,沿江城市带、苏锡常都市圈是主要的集聚地区。南京都市圈、沿海城镇轴、沿东陇海城镇轴的要素集聚位列其后,超过徐州都市圈。

城乡建设用地消耗占比最高的为沿江城市带,但远低于其对全省的 GDP 贡献比例。沿海城镇轴、沿东陇海城镇轴、徐州都市圈、苏北苏中水乡湿地地区城乡建设用地消耗比例高于其 GDP 贡献比例。

2013 年分城市群要素集聚相关指标

地区		GDP 占全省比重(%)	总人口占全省比重(%)	城镇人口占全省比重(%)	城乡建设用地占全省比重(%)
城市带	沿江城市带	73.84	55.14	60.97	51.41
城镇轴	沿海城镇轴	17.41	23.86	21.55	26.70
	沿东陇海城镇轴	12.38	20.26	17.91	20.79
都市圈	南京都市圈	24.71	21.16	23.19	20.33
	徐州都市圈	8.44	12.75	11.53	13.04
	苏锡常都市圈	43.01	27.40	30.80	25.15
点状发展地区	苏北苏中水乡湿地	6.90	11.75	9.55	13.04
	苏南丘陵山地	4.52	3.76	3.46	4.16

注:城乡建设用地占全省比重根据江苏省国土厅分市县土地利用相关数据计算。

4. 资源集约

2013 年分城市群资源集约相关指标

地区		单位城镇建设用地二、三产增加值 （亿元 / 平方公里）	耕地面积变化比例 （%）
城市带	沿江城市带	7.81	-0.16
城镇轴	沿海城镇轴	5.55	-0.03
	沿东陇海城镇轴	4.55	-0.07
都市圈	南京都市圈	6.98	-0.04
	徐州都市圈	5.21	-0.12
	苏锡常都市圈	7.94	-0.11
点状发展地区	苏北苏中水乡湿地	4.33	-0.07
	苏南丘陵山地	6.79	0.12
全省平均		6.42	-0.07

注：耕地面积变化比例为与上年相比耕地面积减少或增加的比例。单位城镇建设用地二、三产增加值及耕地面积变化比例根据江苏省国土厅分市县土地利用相关数据计算。

二、分地区

1. 人口城镇化

与上年相比,苏北地区城镇化率增长最快,增长了 1.4 个百分点,其次为苏中、苏南地区,分别增长 1.2 个百分点、1 个百分点。苏南地区集聚了全省 72.57% 的暂住人口,暂住人口占常住人口比例为 24.85%,苏中、苏北地区暂住人口占常住人口比例分别为 8.53%、5.72%。

2013 年分地区人口城镇化相关指标

地区	城镇化率（%）	户籍人口城镇化率（%）	暂住人口（万人）
苏南	73.5	66.9	822.85
苏中	59.7	49.0	139.93
苏北	56.1	43.3	171.03

注:户籍人口城镇化率按城镇户籍人口/户籍总人口计算。暂住人口指暂住半年以上人口。户籍人口城镇化率、暂住人口根据江苏省公安厅相关数据计算。

2. 经济发展

苏南、苏中、苏北地区人均 GDP 比上年分别增长 8.56%、10.75%、11.07%,地域之间的差距呈缩小趋势。

三大地区产业结构仍为"二三一"的构成,且与上年相比较,呈现二产比例下降、三产比例上升趋势;一产比例苏中、苏北地区略有下降,苏南地区基本保持稳定状态。

高新技术企业产值占规模以上工业总产值比重,与上年相比,苏南、苏中、苏北地区分别提高了 4.04、4.71、3.29 个百分点,农业劳动生产率分别增长 10.76%、13.09%、13.23%。

2013 年分地区经济发展相关指标

地区	人均 GDP（万元/人）	三次产业结构			农业劳动生产率（万元/人）	高新技术企业产值占规模以上工业总产值比重（%）
		一产比例（%）	二产比例（%）	三产比例（%）		
苏南	11.01	2.29	50.32	47.39	5.66	45.16
苏中	6.89	6.87	52.14	40.99	3.37	44.23
苏北	4.54	12.45	46.91	40.64	2.91	31.60

3. 要素集聚

2013 年分地区要素集聚相关指标

地区	GDP 占全省比重（%）	总人口占全省比重（%）	城镇人口占全省比重（%）	城乡建设用地占全省比重（%）
苏南	59.41	41.70	47.82	37.39
苏中	18.45	20.66	19.24	21.48
苏北	22.14	37.64	32.94	41.13

注：城乡建设用地占全省比重根据江苏省国土厅分市县土地利用相关数据计算

4. 资源集约

苏中地区万元 GDP 能耗最低。苏北与苏南、苏中地区单位城镇建设用地二、三产增加值差距较大。与上年相比，苏南、苏中、苏北地区耕地面积分别减少 5.86、13.96、10.08 平方公里。

2013年分地区资源集约相关指标

地区	万元GDP能耗*（吨标准煤/万元）	单位城镇建设用地二、三产增加值（亿元/平方公里）	耕地面积变化比例（%）
苏南	0.69	7.80	-0.07
苏中	0.59	7.14	-0.14
苏北	0.71	4.55	-0.04

注：万元GDP能耗表中为2011年数据，数据来源于2011年全省及各省辖市单位GDP能耗等指标公报，2012年、2013年数据未公布。耕地面积变化比例为与上年相比耕地面积减少或增加的比例。单位城镇建设用地二、三产增加值及耕地面积变化比例根据江苏省国土厅分市县土地利用相关数据计算。

03

City-county

市县篇

◇ 省辖市
◇ 县（市）

一、省辖市

1. 人居空间

2013年省辖市人居空间相关指标

	城镇住房保障体系健全率（%）	绿色建筑项目总面积（万平方米）	人均绿色建筑面积（平方米/人）	城市公交出行分担率（%）	镇村公共交通开通率（%）	城乡统筹区域供水覆盖率(%)	自来水深度处理规模占比(%)	城市管道燃气普及率（%）
南京市	77.51	1109.6	1.36	31.8	100	98.31	12.78	62.29
无锡市	81.13	416.3	0.64	26.6	100	100	59.18	89.60
徐州市	77.23	79.7	0.09	25.5	19.6	65.87	0	66.63
常州市	79.15	299.4	0.64	28.3	100	90.67	21.43	97.77
苏州市	80.86	929.0	0.88	32.9	100	100	45.90	89.79
南通市	79.02	122.3	0.17	20.2	49.5	100	26.09	60.22
连云港市	75.42	108.8	0.25	22.2	31.8	54.08	40.82	69.24
淮安市	76.01	195.7	0.41	16.1	20.7	47.46	52.05	49.56
盐城市	76.33	147.9	0.20	14.5	12.6	93.06	0	62.77
扬州市	79.01	83.5	0.19	21.7	39.1	100	0	67.54
镇江市	76.57	87.7	0.28	22.4	100	100	33.33	70.52
泰州市	76.46	114.5	0.25	20.4	46.2	96.97	0	41.33
宿迁市	76.17	48.5	0.10	14.7	47.1	52.59	22.22	27.51

注：燃气普及率、用水普及率基本接近或达到100%，未纳入指标表。城镇住房保障体系健全率，是综合反映城镇住房保障水平的复合性指标，包括新增保障房完成率、城镇保障房覆盖率实现程度、棚户区和危旧房片区改造覆盖率实现程度、住房保障制度完善率、住房公积金覆盖率实现程度等7个方面，相对客观地衡量各地住房保障程度和住房保障工作水平。城市公交出行分担率指标统计范围为省辖市市区。城镇住房保障体系健全率、绿色建筑项目总面积、人均绿色建筑面积、城乡统筹区域供水覆盖率、自来水深度处理规模占比、城市管道燃气普及率数据来源于江苏省住建厅。城市公交出行分担率、镇村公共交通开通率数据来源于江苏省交通厅。

续表

2013年省辖市人居空间相关指标

	污水处理厂集中处理率(%)	建制镇污水处理设施覆盖率(%)	林木覆盖率(%)	城市人均公园绿地面积(平方米/人)	城市建成区绿化覆盖率(%)	城市生活垃圾无害化处理率(%)	镇村生活垃圾集中收运率(%)	村庄环境整治达标率(%)	城市建设荣誉
南京市	61.30	89	28.77	14.55	44.06	90.83	100	95.72	联合国人居环境奖、中国人居环境奖、国家节水型城市、国家园林城市
无锡市	86.61	100	26.18	14.71	42.78	100	100	95.81	中国人居环境奖、国家节水型城市、国家园林城市
徐州市	84.98	90	32.32	16.31	42.87	99.62	65.44	43.78	国家节水型城市、国家园林城市
常州市	86.16	100	24.46	12.83	42.87	99.99	96.33	95.90	江苏省节水型城市、国家园林城市
苏州市	77.19	100	20.36	15.14	42.06	100	100	96.20	国家节水型城市、国家园林城市
南通市	85.60	96	20.60	14.30	42.17	100	97.65	68.98	国家园林城市
连云港市	69.60	29	28.17	14.10	39.93	82.41	55.43	40.50	江苏省节水型城市、国家园林城市
淮安市	69.05	96	26.81	12.99	40.74	78.94	72.40	40.20	国家园林城市
盐城市	69.15	44	24.98	12.04	40.42	80.73	64.74	40.90	
扬州市	83.63	88	22.97	17.33	43.21	100	100	95.50	联合国人居环境奖、中国人居环境奖、国家节水型城市、国家园林城市
镇江市	78.55	97	26.47	17.80	42.37	100	98.71	95.55	中国人居环境奖、国家节水型城市、国家园林城市
泰州市	61.40	64	21.95	9.28	40.53	100	93.18	70.01	江苏省节水型城市、国家园林城市
宿迁市	82.51	31	29.33	13.01	42.10	74.69	82.79	40.46	江苏省节水型城市、国家园林城市

注：城市人均公园绿地面积、城市建成区绿化覆盖率指标统计范围为省辖市区，其它为市域范围。林木覆盖率数据来源于江苏省林业厅。建制镇污水处理设施覆盖率、镇村生活垃圾集中收运率、村庄环境整治达标率数据来源于江苏省住建厅。

2. 经济社会

2013年省辖市经济社会相关指标

	人均GDP（万元/人）	人均可支配收入与人均GDP之比 城镇	人均可支配收入与人均GDP之比 农村	第三产业增加值占GDP比重（%）	高新技术产业产值占规模以上工业总产值比重（%）	单位固定资产投资实现的GDP（亿元）	城镇化率（%）	城乡居民收入比	每万人医师数（人）	城乡（城镇）基本养老保险覆盖率（%）	城乡（城镇）基本医疗保险覆盖率（%）	失业（城镇失业）保险覆盖率（%）
南京市	9.80	0.39	0.17	54.38	42.72	1.57	80.5	2.33	25.2	98.05	98.01	98.59
无锡市	12.46	0.31	0.17	46.02	42.62	2.03	73.7	1.89	22.8	98.09	98.06	98.63
徐州市	5.17	0.46	0.23	42.50	38.14	1.44	58.1	1.97	18.8	96.52	95.83	97.43
常州市	9.30	0.39	0.20	45.22	44.42	1.53	67.5	1.96	23.1	98.05	98.01	98.59
苏州市	12.32	0.35	0.18	45.73	46.65	2.24	73.1	1.98	23.0	98.27	98.26	98.90
南通市	6.90	0.45	0.21	41.08	45.07	1.53	59.9	2.11	21.3	96.68	97.08	97.70
连云港市	4.04	0.57	0.27	40.26	34.54	1.32	55.7	2.14	17.3	96.52	95.46	97.62
淮安市	4.48	0.52	0.25	41.75	25.91	1.48	55.1	2.09	23.1	95.38	95.53	95.51
盐城市	4.82	0.50	0.28	38.85	28.36	1.57	57.2	1.81	20.8	96.52	97.01	96.28
扬州市	7.28	0.39	0.20	41.02	42.95	1.61	60.0	1.98	20.8	96.90	97.03	97.53
镇江市	9.26	0.36	0.18	42.66	49.47	1.67	65.4	2.03	22.8	97.35	97.54	97.71
泰州市	6.49	0.45	0.22	40.80	44.38	1.70	59.0	2.08	20.6	96.65	97.45	97.70
宿迁市	3.55	0.53	0.30	38.43	20.13	1.32	52.4	1.76	15.5	95.25	95.28	95.03

注：人均可支配收入与人均GDP之比中"农村"为农村居民人均纯收入/人均GDP，"城镇"为城镇居民人均可支配收入/人均GDP，城乡居民收入比为城镇居民人均可支配收入/农村居民人均纯收入。城乡（城镇）基本养老保险覆盖率、城乡（城镇）基本医疗保险覆盖率、失业（城镇失业）保险覆盖率三项指标，除连云港、淮安、宿迁三市为城镇基本养老保险覆盖率、城镇基本医疗保险覆盖率和城镇失业保险覆盖率之外，其余省辖市均为城乡基本养老保险覆盖率、城乡基本医疗保险覆盖率和失业保险覆盖率。数据来源于江苏全面建成小康社会及苏南基本实现现代化进程监测统计报告。

二、县（市）

1. 人居空间

2013 年县（市）人居空间相关指标

	城镇住房保障体系健全率（%）	城乡统筹区域供水覆盖率（%）	自来水深度处理规模占比（%）	城市管道燃气普及率（%）	污水处理厂集中处理率（%）
江阴市	80.16	100	0	90.03	77.38
宜兴市	79.85	100	28.57	55.74	77.65
丰县	67.69	57.14	0	0	80.00
沛县	74.78	73.33	0	55.96	87.01
睢宁县	73.39	31.25	0	7.60	53.22
新沂市	88.51	75.00	0	16.73	75.54
邳州市	70.10	66.67	0	24.70	62.99
溧阳市	74.31	30.00	0	79.52	93.81
金坛市	79.10	100	100	77.84	90.02
常熟市	79.07	100	0	57.51	79.86
张家港市	77.59	100	0	64.94	88.71
昆山市	76.18	100	100	91.18	73.87
太仓市	77.06	100	57.14	65.41	76.24
海安县	78.88	100	0	65.65	71.51
如东县	80.44	100	大区域供水，如东无水厂	14.02	80.09
启东市	77.46	100	0	100	81.80

续表

	城镇住房保障体系健全率（%）	城乡统筹区域供水覆盖率（%）	自来水深度处理规模占比（%）	城市管道燃气普及率（%）	污水处理厂集中处理率（%）
如皋市	76.67	100	0	100	84.97
海门市	73.84	100	0	0.73	86.24
赣榆县	73.61	55.56	0	42.45	85.10
东海县	69.66	40.91	0	33.35	87.06
灌云县	72.84	47.83	0	40.43	75.07
灌南县	70.07	28.57	0	14.46	55.67
涟水县	75.71	30.00	0	34.71	75.36
洪泽县	76.98	75.00	0	23.04	80.90
盱眙县	75.23	73.68	0	32.65	62.30
金湖县	78.16	54.55	0	18.80	68.75
响水县	80.42	100	0	26.50	44.11
滨海县	71.46	33.33	0	20.36	30.71
阜宁县	81.05	100	50.00	31.30	70.53
射阳县	81.22	100	50.00	30.86	79.60
建湖县	76.28	100	100	27.27	81.18
东台市	79.53	100	100	22.22	73.37
大丰市	72.62	100	6.67	46.19	63.74
宝应县	77.69	100	0	42.08	77.21
仪征市	79.22	100	0	53.21	71.88
高邮市	81.20	100	0	46.49	79.02
丹阳市	73.69	100	0	58.71	60.27
扬中市	77.35	100	0	55.08	88.58

续表

	城镇住房保障体系健全率（%）	城乡统筹区域供水覆盖率（%）	自来水深度处理规模占比（%）	城市管道燃气普及率（%）	污水处理厂集中处理率（%）
句容市	69.68	100	0	42.52	75.12
兴化市	76.17	91.18	83.33	64.67	85.01
靖江市	72.11	100	0	12.90	54.34
泰兴市	64.78	100	0	50.37	79.91
沭阳县	75.18	55.26	0	39.34	82.53
泗阳县	74.40	100	0	53.94	82.41
泗洪县	78.76	22.22	50.00	45.89	74.32

注：燃气普及率、用水普及率基本接近或达到100%，未纳入指标表。城镇住房保障体系健全率，是综合反映城镇住房保障水平的复合性指标，包括新增保障房完成率、城镇保障房覆盖率实现程度、棚户区和危旧房片区改造覆盖率实现程度、住房保障制度完善率、住房公积金覆盖率实现程度等7个方面，相对客观地衡量各地住房保障程度和住房保障工作水平。城镇住房保障体系健全率、城乡统筹区域供水覆盖率、自来水深度处理规模占比、城市管道燃气普及率数据来源于江苏省住建厅。城市公交出行分担率、镇村公共交通开通率无分县（市）数据，未纳入指标表。

2013年县（市）人居空间相关指标

续表

	建制镇污水处理设施覆盖率（%）	林木覆盖率（%）	城市人均公园绿地面积（平方米/人）	城市建成区绿化覆盖率（%）	城市生活垃圾无害化处理率（%）	村庄环境整治达标率（%）	城市建设荣誉
江阴市	100	23.34	14.60	41.92	100	95.50	中国人居环境奖、国家节水型城市、国家园林城市
宜兴市	100	28.56	15.82	43.11	100	95.50	中国人居环境奖、国家节水型城市、国家园林城市
丰县	69	40.01	10.28	40.08	100	31.10	-
沛县	100	25.67	11.62	42.17	100	44.22	-
睢宁县	87	38.32	11.00	38.24	100	36.32	-
新沂市	87	30.21	8.39	40.74	95.88	38.69	-
邳州市	96	34.66	11.83	42.04	100	54.99	-

续表

	建制镇污水处理设施覆盖率（%）	林木覆盖率（%）	城市人均公园绿地面积（平方米/人）	城市建成区绿化覆盖率（%）	城市生活垃圾无害化处理率（%）	村庄环境整治达标率（%）	城市建设荣誉
溧阳市	100	30.09	12.03	41.88	100	95.21	—
金坛市	100	25.74	12.10	41.04	100	95.20	江苏省节水型城市
常熟市	100	17.55	19.44	44.88	100	96.20	中国人居环境奖、国家节水型城市、国家园林城市
张家港市	100	19.16	14.06	43.68	100	97.50	联合国人居环境奖、中国人居环境奖、国家节水型城市、国家园林城市
昆山市	100	18.39	14.95	44.01	100	96.10	联合国人居环境奖、中国人居环境奖、国家节水型城市、国家园林城市
太仓市	100	15.91	13.57	42.20	100	96.00	中国人居环境奖、国家节水型城市、国家园林城市
海安县	100	23.25	10.08	39.74	100	70.99	—
如东县	77	21.58	9.07	40.12	100	68.99	—
启东市	100	16.97	10.20	40.13	100	68.00	—
如皋市	100	23.56	11.53	40.49	100	74.00	国家园林城市
海门市	95	18.74	10.26	40.04	100	70.00	—
赣榆县	41	32.43	10.96	39.53	100	51.62	—
东海县	42	27.97	11.20	40.54	80.39	40.06	
灌云县	17	27.83	12.42	38.07	94.50	35.34	—
灌南县	0	28.30	9.60	38.00	0	35.62	—
涟水县	81	27.53	10.63	40.01	100	61.03	—
洪泽县	100	21.99	7.07	39.59	88.51	30.13	—
盱眙县	100	30.78	12.33	41.84	0	43.83	—
金湖县	100	24.68	10.45	41.44	100	88.54	—

续表

	建制镇污水处理设施覆盖率（%）	林木覆盖率（%）	城市人均公园绿地面积（平方米/人）	城市建成区绿化覆盖率（%）	城市生活垃圾无害化处理率（%）	村庄环境整治达标率（%）	城市建设荣誉
响水县	71	26.45	12.19	40.41	0	40.04	—
滨海县	18	29.96	11.40	40.27	54.00	39.95	—
阜宁县	0	24.88	11.50	40.57	27.00	40.84	—
射阳县	38	27.61	12.70	40.08	100	31.55	—
建湖县	64	21.59	12.99	40.48	100	38.13	—
东台市	100	26.04	12.60	40.66	100	40.57	—
大丰市	73	26.24	10.14	41.07	100	43.47	—
宝应县	100	20.43	10.15	41.62	100	95.98	—
仪征市	100	28.63	9.56	40.90	100	96.14	—
高邮市	100	23.08	9.99	40.55	100	95.02	—
丹阳市	100	20.81	9.71	40.75	100	96.92	—
扬中市	100	18.69	10.48	40.28	100	94.63	—
句容市	100	29.90	11.45	41.09	100	95.52	—
兴化市	36	17.42	13.15	39.75	100	44.94	—
靖江市	100	25.36	11.13	41.58	100	89.96	—
泰兴市	64	23.91	9.40	40.86	100	67.37	—
沭阳县	4	28.86	8.81	40.16	0	40.61	—
泗阳县	100	36.61	10.33	40.69	100	41.66	—
泗洪县	23	23.16	11.66	40.97	100	40.60	—

注：镇村生活垃圾集中收运率无县（市）数据，未纳入指标表。建制镇污水处理设施覆盖率、村庄环境整治达标率数据来源于江苏省住建厅。林木覆盖率数据来源于江苏省林业局。

2. 经济社会

2013年县（市）经济社会相关指标

	人均GDP（万元/人）	人均可支配收入与人均GDP之比		第二产业增加值占GDP比重（%）	第三产业增加值占GDP比重（%）	万人发明专利拥有量（件）	单位固定资产投资实现的GDP（亿元）	城镇化率（%）	城乡居民收入比	每万人医师数（人）
		城镇	农村							
江阴市	16.63	0.26	0.13	56.10	42.00	9.62	2.85	67.6	1.97	18.4
宜兴市	9.53	0.38	0.20	52.88	42.77	8.52	2.14	63.0	1.94	19.5
丰县	2.97	0.60	0.37	45.44	35.47	0.42	1.94	46.1	1.62	20.6
沛县	4.45	0.47	0.29	46.07	38.50	0.40	1.50	48.0	1.66	15.5
睢宁县	3.52	0.51	0.30	44.06	38.60	0.17	2.06	46.2	1.69	11.0
新沂市	4.54	0.42	0.24	42.43	44.85	0.52	1.34	48.3	1.75	16.1
邳州市	4.18	0.54	0.30	42.98	42.06	0.62	1.33	48.3	1.78	12.8
溧阳市	8.38	0.39	0.20	53.11	40.20	4.47	1.55	55.0	1.93	21.6
金坛市	7.28	0.48	0.24	52.09	40.48	4.05	1.89	56.1	2.00	20.4
常熟市	13.13	0.33	0.17	52.94	45.02	13.06	2.77	65.1	1.99	22.2
张家港市	17.21	0.25	0.13	55.58	43.00	12.38	2.81	65.1	2.00	26.2
昆山市	17.79	0.24	0.12	57.91	41.16	17.84	3.48	70.5	1.99	24.1
太仓市	14.18	0.30	0.15	53.12	43.20	12.75	2.00	64.5	1.99	21.8
海安县	6.22	0.47	0.23	49.46	40.87	8.30	1.44	52.2	2.09	18.1
如东县	5.44	0.54	0.25	49.24	39.18	3.98	1.49	51.2	2.18	16.1
启东市	6.87	0.43	0.23	50.64	39.45	4.32	1.62	52.3	1.87	16.4
如皋市	5.22	0.55	0.25	52.26	39.06	4.84	1.75	52.2	2.20	19.5

续表

	人均 GDP（万元/人）	人均可支配收入与人均 GDP 之比		第二产业增加值占 GDP 比重（%）	第三产业增加值占 GDP 比重（%）	万人发明专利拥有量（件）	单位固定资产投资实现的 GDP（亿元）	城镇化率（%）	城乡居民收入比	每万人医师数（人）
		城镇	农村							
海门市	8.20	0.39	0.21	55.08	38.06	5.39	1.75	54.3	1.91	17.7
赣榆县	3.96	0.54	0.29	49.83	35.23	0.49	1.85	48.3	1.86	13.8
东海县	3.36	0.65	0.33	45.16	36.69	0.74	1.71	46.7	1.95	11.3
灌云县	3.15	0.56	0.32	46.24	31.29	0.39	1.58	44.0	1.76	10.1
灌南县	3.78	0.54	0.25	49.67	32.22	0.61	1.52	44.0	2.16	15.0
涟水县	3.10	0.64	0.33	40.69	40.87	0.43	1.56	46.0	1.93	22.1
洪泽县	5.34	0.45	0.23	42.61	41.64	0.81	1.69	47.2	1.96	20.4
盱眙县	4.03	0.61	0.28	42.47	39.80	2.75	1.28	47.0	2.17	22.1
金湖县	5.05	0.48	0.24	40.51	43.85	2.51	1.67	47.3	2.03	20.7
响水县	4.04	0.50	0.27	49.46	31.79	0.79	1.24	49.6	1.81	19.0
滨海县	3.18	0.66	0.37	43.83	38.51	0.74	1.40	48.8	1.80	18.4
阜宁县	3.60	0.56	0.33	46.58	37.02	0.73	1.65	50.3	1.70	15.0
射阳县	3.94	0.54	0.33	39.06	39.69	0.66	1.86	52.9	1.62	20.6
建湖县	4.89	0.48	0.27	46.51	41.00	0.94	1.76	53.5	1.77	20.2
东台市	5.72	0.46	0.27	44.73	40.36	0.97	1.72	55.1	1.71	22.1
大丰市	6.32	0.39	0.24	43.77	40.76	2.71	1.74	54.8	1.63	24.0
宝应县	4.85	0.43	0.27	46.31	37.24	1.52	1.63	47.1	1.59	14.8
仪征市	7.30	0.40	0.19	56.50	38.32	2.47	1.46	50.6	2.12	18.2
高邮市	5.16	0.48	0.26	45.43	38.11	1.64	1.37	47.7	1.87	18.0
丹阳市	9.48	0.35	0.18	52.32	42.30	3.74	2.87	55.8	1.95	18.4

续表

	人均GDP（万元/人）	人均可支配收入与人均GDP之比		第二产业增加值占GDP比重（%）	第三产业增加值占GDP比重（%）	万人发明专利拥有量（件）	单位固定资产投资实现的GDP（亿元）	城镇化率（%）	城乡居民收入比	每万人医师数（人）
		城镇	农村							
扬中市	11.60	0.32	0.16	54.48	42.32	10.44	2.27	57.2	1.96	20.4
句容市	6.19	0.52	0.24	50.83	39.56	4.61	1.86	52.4	2.19	16.2
兴化市	4.59	0.58	0.29	43.08	41.69	0.76	2.45	49.9	2.00	14.8
靖江市	9.77	0.32	0.16	54.89	42.10	2.84	1.96	59.7	2.06	24.6
泰兴市	5.67	0.51	0.25	52.83	39.64	3.06	1.89	54.7	2.06	19.2
沭阳县	3.52	0.54	0.31	46.33	39.73	0.45	1.75	50.7	1.77	16.0
泗阳县	3.61	0.51	0.30	51.39	33.05	0.54	1.33	50.4	1.70	14.6
泗洪县	3.28	0.54	0.32	43.24	40.24	0.27	1.33	48.7	1.68	16.7

注：为反映县（市）工业化发展情况，与省辖市指标表相比增加"第二产业增加值占GDP比重"。"高新技术企业产值占规模以上工业总产值比重"县（市）无数据，未纳入指标表，以"万人发明专利拥有量"指标替代反映科技发展，数据来源于江苏省知识产权局。人均可支配收入与人均GDP之比中"农村"为农村居民人均纯收入/人均GDP，城乡居民收入比为城镇居民人均可支配收入/农村居民人均纯收入。城乡社会保障相关指标分县（市）无数据，未纳入指标表。城镇化率数据来源于江苏全面建成小康社会进程监测统计报告、全省及苏南基本实现现代化进程监测统计报告。

04

Town-village

镇村篇

◇ 镇
◇ 村庄

一、镇

1. 乡镇

2013年全省共有乡镇842个（不包含城关镇和纳入城市建设用地范围的乡镇），其中建制镇772个、乡70个。与上年相比，撤并了8个建制镇、14个乡。全省建制镇平均镇域人口规模为6.46万人，平均镇域面积为89.05平方公里；平均建成区人口规模为2.03万人，平均建成区面积为3.55平方公里。

2013年乡镇发展相关指标

指标名称	建制镇	乡
个数（个）	772	70
常住人口（万人）	4 989.02	253.54
供水普及率（%）	96.38	95.67
燃气普及率（%）	84.73	78.05
人均道路面积（平方米）	17.65	15.91
污水处理厂集中处理率（%）	51.18	14.97
人均公园绿地面积（平方米）	5.84	4.32
建成区绿化覆盖率（%）	25.75	23.81
镇村生活垃圾集中收运率（%）	80.79	

注：建制镇、乡个数不包含城关镇和纳入城市建设用地范围的乡镇。

2. 分市建制镇

2013 年分市建制镇相关指标

	镇平均规模		人均道路面积（平方米）	污水处理厂集中处理率（%）	人均公园绿地面积（平方米）	建成区绿化覆盖率（%）	镇村生活垃圾集中收运率(%)
	建成区面积（平方公里）	建成区常住人口（万人）					
南京市	4.88	3.15	19.69	45.88	9.77	24.31	100
无锡市	7.41	3.39	19.14	74.53	5.54	30.96	100
徐州市	3.02	1.86	17.53	23.71	5.26	23.57	65.44
常州市	4.53	2.53	20.10	57.91	6.28	29.08	96.33
苏州市	8.23	4.56	18.94	67.84	6.75	35.04	100
南通市	3.70	2.37	16.58	51.84	5.57	24.55	97.65
连云港市	2.65	1.45	18.45	20.53	2.77	19.63	55.43
淮安市	1.99	1.09	16.30	31.39	4.28	23.40	72.4
盐城市	3.39	2.09	15.86	24.29	6.82	23.52	64.74
扬州市	2.94	1.67	17.40	52.10	6.05	22.40	100
镇江市	4.05	1.76	21.87	42.79	4.82	24.24	98.71
泰州市	2.55	1.46	14.62	53.03	4.51	21.28	93.18
宿迁市	2.49	1.40	16.74	10.65	4.92	24.22	82.79

3. 重点中心镇

2013 年全省重点中心镇相关指标

	名称	镇域面积（平方公里）	财政收入（亿元）	建成区面积（平方公里）	建成区常住人口（万人）	污水处理厂集中处理率（%）	建成区绿化覆盖率（%）
南京市	竹镇镇	209.0	1.1	3.3	2.4	44.4	20.5
	桠溪镇	150.0	2.3	3.5	3.2	59.9	35.5
	白马镇	146.0	2.5	2.3	1.8	58.0	29.9
无锡市	和桥镇	96.8	5.2	7.4	4.3	76.7	25.2
	官林镇	104.6	14.5	6.6	3.1	68.0	31.3
徐州市	利国镇	71.0	7.7	6.6	2.1	80.7	28.0
	郑集镇	67.1	1.0	4.3	1.7	4.4	34.0
	大许镇	129.0	0.8	4.8	1.3	11.3	31.3
	欢口镇	115.8	1.4	5.0	4.5	9.9	32.4
	龙固镇	94.4	3.5	4.8	3.9	75.0	26.7
	古邳镇	112.0	0.5	2.4	1.8	13.0	18.3
	双沟镇	95.3	0.8	2.8	1.9	35.0	19.4
	马陵山镇	16.0	1.2	2.0	1.8	25.0	21.5
	窑湾镇	116.2	2.5	1.8	1.3	20.0	23.3
	官湖镇	89.3	5.3	5.9	3.8	34.7	16.6
	碾庄镇	121.0	3.2	3.9	2.1	26.8	12.5
	铁富镇	127.0	2.9	3.4	3.1	15.1	24.0
常州市	社渚镇	12.6	3.2	1.8	1.6	54.3	70.9
	南渡镇	107.0	3.7	3.5	1.7	76.3	17.4
	薛埠镇	234.7	2.1	5.2	2.6	68.5	29.8
	儒林镇	62.3	1.3	1.3	0.6	61.7	25.7
苏州市	黎里镇	258.0	37.7	21.7	9.0	49.1	40.7

续表

	名称	镇域面积（平方公里）	财政收入（亿元）	建成区面积（平方公里）	建成区常住人口（万人）	污水处理厂集中处理率（%）	建成区绿化覆盖率（%）
苏州市	沙家浜镇	80.4	14.4	5.1	2.6	63.0	43.2
	周庄镇	39.0	4.1	3.8	2.1	70.6	39.5
南通市	包场镇	165.4	-	14.0	7.6	40.7	23.9
	三星镇	101.0	-	8.5	7.9	47.3	24.6
	吕四港镇	153.8	7.6	7.9	6.3	70.7	28.5
	近海镇	80.9	1.0	2.2	1.0	70.3	21.7
	搬经镇	174.9	1.6	6.7	5.7	51.0	27.6
	长江镇	184.1	17.9	11.6	10.0	84.5	29.4
	李堡镇	94.7	1.7	5.3	3.3	60.1	21.9
	曲塘镇	118.9	3.4	5.5	3.5	57.2	23.5
	洋口镇	125.8	4.3	4.0	0.8	77.9	19.0
	长沙镇	125.2	4.6	2.8	0.9	67.7	16.1
连云港市	柘汪镇	72.3	4.6	7.0	1.8	28.2	17.0
	沙河镇	130.1	0.7	4.9	3.5	49.5	18.0
	海头镇	92.0	4.0	3.9	3.0	44.7	19.0
	桃林镇	169.9	0.9	5.0	2.8	40.7	25.8
	白塔埠镇	103.3	1.0	4.1	2.1	39.5	18.0
	汤沟镇	33.8	1.2	1.1	0.9	35.6	17.7
	堆沟港镇	72.3	3.4	1.8	1.3	38.7	21.6
	圩丰镇	78.0	0.6	4.6	1.1	34.1	14.7
	杨集镇	152.5	2.2	4.6	2.7	28.6	18.0
淮安市	徐溜镇	64.5	0.8	2.3	1.1	56.8	22.9
	渔沟镇	97.0	0.8	1.9	1.5	34.6	26.4
	车桥镇	66.4	0.6	4.0	3.3	23.3	21.5
	钦工镇	31.0	0.4	2.8	1.4	3.4	16.4

续表

	名称	镇域面积（平方公里）	财政收入（亿元）	建成区面积（平方公里）	建成区常住人口（万人）	污水处理厂集中处理率（%）	建成区绿化覆盖率（%）
淮安市	高沟镇	112.0	1.5	6.3	5.0	44.2	22.0
	红窑镇	131.8	0.8	1.5	1.2	74.1	24.7
	岔河镇	111.7	0.6	2.9	1.3	61.3	24.4
	马坝镇	197.5	5.5	8.0	6.5	29.7	18.6
	旧铺镇	150.0	1.3	1.4	1.3	38.5	28.0
	银集镇	51.1	0.9	1.2	0.6	52.4	25.9
盐城市	大冈镇	130.7	2.2	4.1	2.6	69.1	21.2
	大纵湖镇	134.6	1.0	5.4	3.0	53.4	27.9
	陈家港镇	156.1	1.4	8.0	4.6	7.7	15.3
	八滩镇	111.9	1.7	6.0	3.5	10.2	14.5
	滨海港镇	253.0	1.4	2.7	1.7	26.1	15.9
	益林镇	108.7	2.8	9.6	5.5	19.4	22.6
	海通镇	76.7	3.0	3.8	1.7	8.1	23.2
	黄沙港镇	101.2	1.2	3.0	2.7	18.4	16.7
	安丰镇	71.2	2.0	6.7	3.5	44.9	25.9
	弶港镇	174.9	4.3	3.3	2.5	46.3	28.2
	刘庄镇	96.2	1.1	2.8	1.7	48.8	22.9
	南阳镇	95.0	2.0	3.9	0.9	52.1	16.7
	上冈镇	231.3	3.4	10.3	8.4	24.2	17.4
扬州市	邵伯镇	114.7	5.5	4.6	2.3	62.5	21.4
	小纪镇	177.8	2.5	4.6	3.8	58.3	24.1
	氾水镇	167.6	1.8	4.9	4.5	33.2	24.7
	曹甸镇	99.8	1.2	4.0	3.5	42.0	30.1
	射阳湖镇	195.3	0.7	2.6	1.8	42.0	18.6
	大仪镇	108.6	1.4	2.0	1.0	66.7	24.3

续表

	名称	镇域面积（平方公里）	财政收入（亿元）	建成区面积（平方公里）	建成区常住人口（万人）	污水处理厂集中处理率（%）	建成区绿化覆盖率（%）
扬州市	月塘镇	147.0	2.0	2.6	1.5	60.0	28.8
	菱塘回族乡	52.4	1.9	2.9	1.6	47.7	35.1
	三垛镇	188.0	1.5	4.5	3.0	48.2	19.8
	临泽镇	199.3	1.4	3.5	3.0	55.2	25.3
镇江市	丹北镇	26.3	4.8	7.5	2.7	51.1	25.3
	皇塘镇	80.5	2.4	4.5	1.3	46.9	22.0
	下蜀镇	112.3	4.7	3.7	1.6	44.1	25.2
	茅山镇	81.0	0.4	2.2	0.9	43.3	29.7
泰州市	溱潼镇	40.5	1.7	3.0	2.3	55.6	25.3
	白米镇	54.7	3.2	3.6	1.2	52.9	23.4
	戴南镇	14.6	17.3	5.0	4.7	99.6	42.0
	安丰镇	6.1	1.6	4.0	4.0	76.4	8.8
	黄桥镇	176.0	8.7	9.6	7.4	73.3	23.2
	虹桥镇	88.3	9.3	4.4	3.3	24.7	27.4
	新桥镇	61.3	3.5	8.3	3.6	52.5	15.2
宿迁市	龙河镇	59.0	0.4	2.2	1.9	0	25.2
	来龙镇	75.0	0.4	1.8	1.7	0	22.4
	马厂镇	84.1	1.9	4.1	2.5	0	23.0
	韩山镇	65.6	1.3	2.6	1.7	0	28.8
	贤官镇	50.3	1.8	2.1	1.6	0	26.1
	王集镇	85.3	0.7	5.9	4.6	0	23.7
	新袁镇	54.3	0.5	3.9	1.9	0	24.9
	双沟镇	74.8	3.9	6.5	3.5	73.1	25.8
	界集镇	89.6	0.3	2.2	1.5	0	27.3

数据来源：江苏省住建厅。

二、村庄

2013年分市村庄相关指标

	村庄常住人口（万人）	村庄环境整治		集中供水的行政村数量比例（%）	燃气普及率（%）	对生活污水进行处理的行政村数量比例（%）	对生活垃圾进行处理的行政村数量比例（%）
		全年完成数量（个）	达标率（%）				
南京市	159.66	4007	95.72	100	99.17	87.72	100
无锡市	170.53	3762	95.81	100	84.71	80.79	100
徐州市	360.13	2169	43.78	76.88	63.03	15.50	65.44
常州市	152.73	4138	95.90	98.68	75.81	63.58	96.33
苏州市	284.04	363	96.20	100	99.46	98.23	100
南通市	292.64	16 083	68.98	99.60	67.26	24.40	97.65
连云港市	196.09	1 012	40.50	89.36	18.39	13.18	55.43
淮安市	216.92	5 931	40.20	92.99	69.79	17.20	72.40
盐城市	308.90	3 457	40.90	100	65.41	15.17	64.74
扬州市	178.91	12 167	95.50	100	79.94	25.40	100
镇江市	109.54	3 785	95.55	98.71	89.68	58.71	98.71
泰州市	189.83	3 805	70.01	100	70.26	20.59	93.18
宿迁市	229.56	2 569	40.46	98.23	74.09	10.53	82.79

注：除村庄常住人口外其它数据来源于江苏省住建厅。

05

Subjects

专题篇

◇ 省级空间规划编制
◇ 城市环境综合整治
◇ 村庄环境整治
◇ 绿色建筑发展

1. 省级空间规划编制

推进全省城镇体系规划、区域城镇体系规划和风景路规划编制。《江苏省城镇体系规划－2030年》，修编工作于2009年5月正式启动，2013年1月规划成果上报国务院。目前已通过城市规划部级联席会议、住房和城乡建设部部长常务会审查，即将由国务院批复。《苏南现代化建设示范区城镇体系规划（2013-2030）》编制工作于2012年初启动，2013年5月召开了成果论证会，并于2013年10月获得省人民政府批准。《苏南丘陵地区城镇体系规划（2014-2030年）》编制工作于2013年7月启动，2014年6月召开了成果论证会。《环太湖风景路规划》于2011年4月启动编制工作，同年12月获得省人民政府批准。《江苏省大运河风景路规划》于2013年5月启动编制工作，2013年12月底召开了成果论证会，2014年11月获得省人民政府批准。

（1）《江苏省城镇体系规划－2030年》

上版江苏省城镇体系规划实施以来，规划目标、指导方针和战略措施得到了有效落实，"三圈五轴"全省城镇空间框架初步形成。随着经济社会的快速发展，全省城镇化水平以及中心城市的发展已超出规划预期，沿江、沿海等地区的城镇发展格局发生了较大变化，城乡统筹和区域协调发展也面临着一些新的情况，给江苏经济社会转型发展、产业结构调整升级和新型城镇化发展带来新的重大机遇和挑战。修编《江苏省城镇体系规划－2030年》，对于江苏转变经济发展方式、加快结构调整步伐、实现"两个率先"的发展要求，具有重要意义。

规划提出了"协调推进城镇化，区域发展差别化，建设模式集约化，城乡发展一体化"的新型城镇化方针，确定了未来江苏的城镇化总体思路和省域空间战略布局。按照"紧凑城镇、开敞区域"的区域空间利用思路优化全省城镇化布局和形态，提出建设"一带两轴，三圈一极"的"紧凑型"城市群和南北两片"开敞型"点状发展地区。

规划引领了江苏新型城镇化进程和全省下一阶段城镇化战略部署，其核心内容被纳入省政府1号文《关于扎实推进城镇化促进城乡发展一体化的意见》（苏政发〔2013〕1号）；成为《江苏省美好城乡建设行动实施方案》（苏办发〔2011〕55号）的行动内容，指导了近期江苏美好城乡建设，引导了区域基础设施建设，促进了城乡规划一体化。

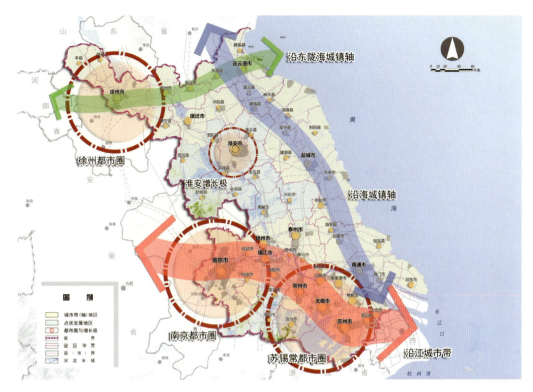

江苏省城镇空间结构规划图

（2）苏南现代化建设示范区城镇体系规划（2013-2030）

为破解苏南地区在迈向现代化进程中的发展难题，把握苏南率先推进现代化的重大机遇，编制《苏南现代化建设示范区城镇体系规划（2013-2030）》。规划对落实中央决策部署，促进苏南率先发展、科学发展，实现区域现代化，成为全国现代化建设示范区，具有重要意义。

规划以现代化示范为总体目标，以转型升级为发展路径，以空间引领为规划核心，以差别政策为支撑手段，实现"现代苏南、创新苏南"的规划愿景。规划思路突出"重识苏南、特色发展、差别引导、政策支撑"，强化空间整合，实现空间规划区域全覆盖。规划构建了苏南地区高效集约、城乡协调、特色鲜明、低碳生态的城乡空间格局，强化了山水空间资源的保护和利用要求，明确了城镇和乡村的差别化发展路径，进一步重视交通等区域基础设施对城镇布局的引导作用。

在规划指导下，启动编制了苏南丘陵地区城镇体系规划，开展相关城市总体规划的修编；促进了铁路干线线形优化，包括泰常溧城际常州段，淮扬镇-镇宣铁路的镇江、丹阳、金坛段；推动了区域风景路建设，如张家港一干河风景路工程、南京绿道工程等。

苏南现代化建设示范区区域空间结构规划图

（3）苏南丘陵地区城镇体系规划（2014-2030）

在国家积极推进新型城镇化战略的背景下，以转型跨越发展为主题，以差别化特色发展为主线，积极探索与创新苏南丘陵地区可持续发展的模式、路径和政策，编制《苏南丘陵地区城镇体系规划（2014-2030）》，对于更好地保护和利用苏南丘陵地区的生态、文化、景观资源，提升人居环境质量，引导和支撑发展方式转型、产业结构优化、城镇化质量提升，具有重要意义。

规划对苏南丘陵地区的经济发展、人口城镇化、生态资源环境、历史文化遗存和综合交通等发展条件进行了深入剖析，提出特色发展、差别发展和转型发展的三大策略，构建特色发展先行区、转型发展示范区、长三角重要的生态休闲基地和全省重要的生态功能建设区等发展目标，体现了全省探索点状地区差别化特色发展路径的要求。规划确定了苏南丘陵地区的特色景观体系、资源利用和生态环境保护、综合交通体系、服务设施系统、基础设施系统和特色辅助系统等方面的规划建设方向。

规划已成为苏南丘陵地区空间资源保护和利用、制定和实施区域性专项规划、城市总体规划、进行重大基础设施布局的依据，有益于引导苏南丘陵地区转型发展、差别发展和特色发展。

苏南丘陵地区特色景观风貌规划图

（4）环太湖风景路规划

全省提出建设连接自然保护区、森林公园、风景名胜区、旅游度假区、城市郊野公园、文物保护单位和城乡居民聚居区的区域风景路系统，规划建设"两纵三横三环"的省级区域风景路系统构架。其中"环太湖风景路"对于促进环太湖风景资源和旅游的整合，服务环湖居民和游客观光、休闲、健身、游憩等需求，促进环太湖地区的发展方式转型和产业结构优化，推动环太湖地区打造世界级的旅游品牌具有重要意义。为此，由江苏省住房和城乡建设厅发起，联合浙江省住房和城乡建设厅共同编制环太湖风景路规划。

规划以"整合资源、强化特色，区域统筹、保护优先，因地制宜、低碳生态，以人为本、协调发展"为指导思想，在深入调查研究、与地方充分衔接沟通的基础上，构建了环太湖风景路主干网络，并以此为骨架，明确了公共服务、交通、景观、旅游、生态、市政等各项设施的布局方案、配套标准和建设要求，对沿线各市、县（市）的风景路建设、村庄发展提出了规划指引。

在规划指导下，环太湖各市、县（市）的风景路详细规划编制工作已陆续完成。2012年3月，环太湖风景路的建设正式启动。以环太湖风景路建设为契机，环太湖地区旅游资源和产品得到整合,全面提升了旅游线路的连续性、旅游交通的便捷性和旅游产品的互补性,更好地满足了环湖居民和游客观光、休闲、健身、游憩等需求。

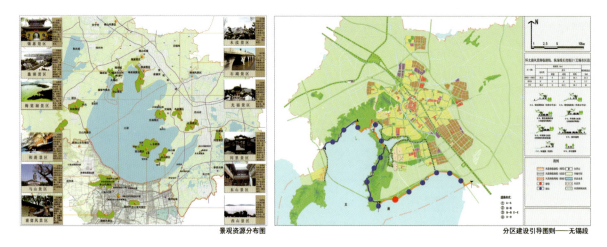

环太湖风景路规划图

(5)江苏省大运河风景路规划

在推进新型城镇化、经济转型发展和加快生态文明建设的背景下,编制《江苏省大运河风景路规划》,更好地保护和利用大运河沿线文化、生态、景观资源,引导和促进旅游等产业发展。推动建设大运河风景路系统,对于促进大运河申遗、构筑贯穿江苏南北的文化和生态廊道、优化区域生态景观格局、提升沿线地区人居环境质量和城乡空间品质具有重要的意义。

规划在深入调查研究、与地方充分沟通衔接的基础上,重视对大运河世界文化遗产的保护,强化沿线历史文化资源的串联和展示,构建了以大运河为依托、以滨河城乡道路为主干的大运河风景路网络,明确了生态、交通、公共服务等支撑系统的规划要求、配套标准,提出了旅游发展、特色塑造等方面的引导性要求,并对沿线各市、县(市)的风景路建设、城乡居民点发展等提出了规划指引。

在规划的引领下,全省科学构建大运河风景路网络体系,重点加强风景路与大运河沿线城镇、特色村庄、景区景点等的有机联系;促进沿线资源保护利用和旅游业发展,全面提升旅游线路的连续性、旅游交通的便捷性和旅游产品的互补性;大力改善风景路沿线城乡居民生产生活条件,加快推进沿线各级、各类公共服务设施和基础设施建设,加强大运河风景路沿线的城镇、村庄环境整治工作，引导城乡空间品质和面貌整体提升。规划对下层次各地区大运河风景路详细规划编制以及跨地区风景路建设统筹协调有着指导意义。

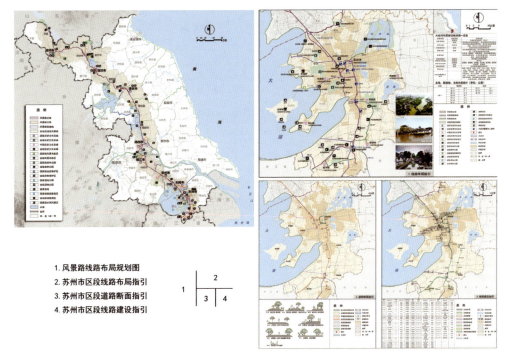

1. 风景路线路布局规划图
2. 苏州市区段线路布局指引
3. 苏州市区段道路断面指引
4. 苏州市区段线路建设指引

江苏省大运河风景路规划图

2. 城市环境综合整治

2013年7月，省政府印发《江苏省城市环境综合整治行动实施方案》，计划用3年左右的时间在全省县以上城市建成区开展以"九整治"、"三规范"、"一提升"为主要内容的城市环境综合整治"931行动"，针对"城郊结合部、城中村、棚户区、老旧小区、背街小巷、城市河道、低洼易淹易涝片区、建设工地、农贸市场"等9类环境薄弱区域脏乱差和设施不配套等问题进行集中整治，对"占道经营、车辆停放、户外广告"等3类容貌秩序问题进行规范管理，并在"整治"和"规范"的同时，大力提升城市长效管理水平。

2013年全省共完成"九整治"计划项目3 586个，占三年规划全部项目总数的31%；完成"三规范"项目18 365个，占三年规划全部项目总数的45%。全省共整治完成城郊结合部253片、城中村303个、棚户区178个、老旧小区443个，背街小巷779条、城市河道339条（818公里）、低洼易淹易涝片区193个（7 348公顷）、建设工地808个，农贸市场290个。新增经营疏导点353个（33万平方米），新增公共停车泊位10.26万个，整治户外广告1.75万处（53.7万平方米）。全省共清理大面积垃圾杂物14万余处，拆除乱搭乱建26万余平方米，设置垃圾箱（筒）1.3万余个，新建、改建公共厕所约600座；修补、新建道路362万平方米，补植绿化504万平方米，出新建筑立面约570万平方米，改造建筑屋顶73万平方米；查处整改排污口1 100余处，清淤1 100万立方米，恢复覆盖河道287处；实施工地规范围挡30余万米，新增工地车辆冲洗设施1 200余台套；创建"江苏省城市管理示范路"50条、"江苏省城市管理示范社区"43个。通过整治，全省城市基础设施承载能力明显提高，人居环境质量不断提升，城市运行秩序逐步规范。

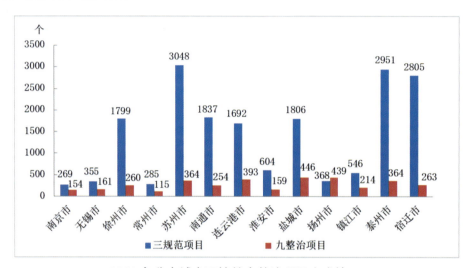

2013年分市城市环境综合整治项目完成情况

分市城市环境综合整治"九整治"项目完成情况

分市城市环境综合整治"三规范"项目完成情况

全省部分城市环境综合整治效果

整治前

整治后

太仓市老旧小区整治

整治前

整治后

无锡市背街小巷整治

整治前　　　　　　　　　　　　整治后

盐城市大新河整治

整治前　　　　　　　　　　　　整治后

宿迁市农贸市场整治

3. 村庄环境整治

2011年以来，为加快改善村庄环境面貌和农村生产生活生态条件，全省积极推进"美好城乡建设行动"，印发了《全省村庄环境整治行动计划》，要求用3-5年的时间，以建设美好乡村为目标，大力开展村庄环境整治工作，普遍改善村庄环境面貌。村庄环境整治坚持"规划指导、分类整治"的原则，根据村庄不同地理区位、资源禀赋、发展条件等，因地制宜、因村制宜推进工作。对规划布点村庄通过"六整治、六提升"达到一、二、三星级"康居乡村"建设标准，对非规划布点内村庄通过"三整治、一保障"达到"环境整洁村"标准。同时，对苏南、苏中、苏北地区在标准划分上提出了不同的要求。此外，突出村庄固有特色，对"古村保护型、人文特色型、自然生态型、现代社区型、整治改善型"村庄实行分类整治。村庄环境整治的具体工作主要包括大力改善村容村貌、推进建筑风貌整体协调、大力推进村庄绿化工作、重点建设村庄垃圾和污水处理设施、完善村庄公共服务水平等。

全省村庄环境整治改善工作呈现四个特点,即普惠性、务实性、乡土性和前瞻性。"普惠性"指不仅仅是少数示范村庄,而是惠及近3 000万全体农村居民,涉及全省近20万个自然村;"务实性"指从农民反映强烈的垃圾整治、提供清洁的自来水、清理河塘、改善道路等做起,不搞大拆大建,尽量不动农民房子;"乡土性"指实行分类整治,使田园地区更具田园风光,丘陵地区更有山村风貌,水网地区更含水乡风韵;"前瞻性"指以镇村布局规划为引领,实施分类整治、渐进改善,一般自然村只要求达到环境整洁村标准,规划布点村庄则要求在整治同时,提高公共服务水平,吸引农民资源集中居住,建设康居乡村。

通过持续有力的环境整治,全省村庄环境面貌发生了深刻变化,涌现出了一大批环境宜居、设施配套、特色鲜明的康居乡村,规划布点村庄公共服务水平显著提升。2013年全省完成6.3万个村庄的环境整治任务,占年度目标任务数的108.69%,其中苏南五市和扬州市已全域完成村庄环境整治任务。村庄整治不仅改善了农村人居环境,提升了农民的生活质量,而且带动了农村经济社会发展。各地把村庄环境整治作为提升农村活力的重要举措,坚持把改善环境与发展农村经济、促进农民就业创业、带动农民增收致富有机结合起来。在2013年全省开展的"江苏公共服务满意度民意调查"中,村庄环境整治的满意率达到87.3%,位列第一。

全省部分村庄环境整治效果

整治前　　　　　　　　　　　　　整治后

南京市高淳区大山自然村

整治前　　　　　　　　　　　　整治后

常熟市古里镇苏家尖村

整治前　　　　　　　　　　　　整治后

东台市梁垛镇小樊村

整治前　　　　　　　　　　　　整治后

灌南县五队乡三队村

4. 绿色建筑发展

全省绿色建筑工作以"2005年4个项目获得首届全国绿色建筑创新奖"为起点标志，2009年江苏成为全国首批绿色建筑评价标识试点省份，之后全省绿色建筑工作取得了跨越式发展。截至2013年底，全省绿色建筑项目总数达到334项（约占全国23%），面积3 742.9万平方米（约占全国25%），其中，绿色建筑一星项目110个，总面积1 916.8万平方米，二星项目160个，总面积1 472.8万平方米，三星项目64个，总面积353.3万平方米。

2013年全省绿色建筑项目统计

	一星		二星		三星		合计	
	数量（个）	面积（万平方米）	数量（个）	面积（万平方米）	数量（个）	面积（万平方米）	数量（个）	面积（万平方米）
全省	110	1 916.8	160	1 472.8	64	353.3	334	3 742.9
南京市	15	730.2	28	296.6	11	82.8	54	1 109.6
无锡市	20	244.7	20	153.6	5	18.0	45	416.3
徐州市	5	79.7	0	0	0	0	5	79.7
常州市	12	168.7	10	119.6	5	11.1	27	299.4
苏州市	31	262.0	61	462.4	37	204.6	129	929.0
南通市	3	35.4	4	75.0	2	11.9	9	122.3
连云港市	3	108.8	0	0	0	0	3	108.8
淮安市	7	118.9	9	75.3	1	1.5	17	195.7
盐城市	4	42.7	8	105.2	0	0	12	147.9
扬州市	1	13.3	4	47.9	2	22.3	7	83.5
镇江市	4	48.2	5	39.5	0	0	9	87.7
泰州市	5	64.2	7	49.2	1	1.1	13	114.5
宿迁市	0	0	4	48.5	0	0	4	48.5

全省的绿色建筑中,公共建筑广泛采用了太阳能光伏系统、立体绿化、室外透水地面、雨水回收利用、节水喷灌、自然通风采光、地源热泵等技术,居住建筑采用了太阳能热水系统、雨水回收利用、建筑保温系统等多项绿色建筑技术。

全省共确立了 37 个"建筑节能与绿色建筑示范区"。示范区内新建项目全部按绿色建筑标准建设,预计增加绿色建筑面积 4 443 万平方米。制定并印发了示范区管理工作手册和验收评估标准,6 个示范区通过了验收评估。确定盐城、常州武进区、宜兴、太仓等 4 个市县区创建"省级绿色建筑示范城市(县、区)",确定泰州医药高新技术开发区、昆山花桥国际金融服务外包区、淮安生态新城等 3 个区域开展"绿色建筑和生态城区区域集成示范",共将建设绿色建筑 1 947 万平方米。

2013 年 6 月省政府批准印发了《江苏省绿色建筑行动实施方案》,其主要目标、指标均处在全国领先位置。开展了《江苏省绿色建筑条例》起草和《江苏省绿色建筑设计标准》的编制工作,制定了《绿色建筑科技支撑工程实施方案》、《江苏省节约型校园建设指标体系及考核评价办法》等。编制了《江苏省绿色建筑应用技术指南》、《江苏省建筑节能和绿色建筑示范区重点技术(产品)推广目录》,指导绿色建筑技术推广应用。各省辖市明确的"十二五"绿色建筑项目建设目标共计达到 8 550 万平方米(不含南通、连云港)。《江苏省绿色建筑施工图设计要求和施工图审查要点》、《江苏省绿色建筑施工图设计文件(绿色专篇)编制深度规定》、《江苏省绿色建筑施工图设计专篇(参考样式)》等编制工作相继开展。

实施绿色建筑标识项目奖励,2011-2013 年共有 29 个绿色建筑项目获得省级财政奖励,奖励资金 3 847 万元(其中,2013 年 15 项,奖励资金 2 300 万元)。用于绿色建筑区域示范和绿色建筑奖励的项目资金共 24 500 万元,连同可再生能源建筑应用、合同能源管理等项目,财政引导资金共 33 469 万元。

江苏省绿色建筑与生态智慧城区展示中心绿色建筑技术应用

垂直绿化

设置中庭改善建筑整体自然通风

光伏电板

雨水回收

06
Appendix
附录

2013 年城镇化大事记

>> 1月31日

为贯彻落实十八大精神和省委十二届四次全会要求,省政府出台《关于扎实推进城镇化促进城乡发展一体化的意见》(苏政发〔2013〕1号),并作为2013年的一号文件下发。《意见》提出了七个方面20条举措,具体包括进一步深化认识,坚持把扎实推进城镇化摆在突出位置;发挥规划引领作用,提升城市群和中心城市竞争力;完善镇村功能布局,加大建设发展力度;统筹城乡基础设施建设,推进基本公共服务均等化;打造生态宜居环境,提升城乡建设品质;深化体制机制改革,增强城镇化发展动力;提高组织程度,完善城镇化工作推进机制等。

>> 2月24日

省政府办公厅出台《江苏省新一轮农村实事工程实施方案》(苏政办发〔2013〕22号),决定自2013年至2015年,组织实施新一轮农村实事工程,落实农村饮水安全、农村教育培训、农村卫生健康、农村交通出行、农村环境整治、农村文化建设、农村社会保障、农村脱贫奔小康8件实事。

>> 3月8日

省政府办公厅印发《江苏省"十二五"城乡生活垃圾无害化处理设施建设规划》(苏政办发〔2013〕31号),要求大力推进城乡生活垃圾无害化处理设施建设,加快实现全省城市(县城)生活垃圾无害化处理设施全覆盖,全面建立"组保洁、村收集、镇转运、县市集中处理"的城乡垃圾统筹收运处理体系;要求积极推广垃圾焚烧等资源化利用先进技术,推进垃圾分类工作,加快餐厨废弃物集中处理与资源化利用,城乡生活垃圾资源化利用和无害化处理水平保持国内领先,逐步缩小与发达国家差距。

>> 3月27日至28日

中共中央政治局常委、国务院总理李克强先后到江阴新桥镇、常熟古里镇田娘农场，就小城镇规划和建设、产业发展促进城镇化和农业现代化进行考察。

>> 5月3日至4日

省委、省政府召开苏南现代化建设示范区工作会议，对贯彻落实规划，高标准、高起点、高水平推进苏南现代化示范区建设，开创全省"两个率先"新局面作出部署。

>> 6月3日

省政府办公厅印发《江苏省绿色建筑行动实施方案》（苏政办发〔2013〕103号），要求贯彻绿色、循环、低碳理念，开展绿色建筑行动，转变城乡建设模式和建设产业转型升级，提高城乡生态宜居水平。

>> 6月26日

中共中央政治局常委、国务院总理李克强主持召开国务院常务会议，研究部署加快棚户区改造，促进经济发展和民生改善。会议决定，今后5年再改造城市和国有工矿、林区、垦区的各类棚户区1000万户，其中2013年改造304万户。

>> 7月21日

省委、省政府出台《关于深入推进生态文明建设工程率先建成全国生态文明建设示范区的意见》，并印发《江苏省生态文明建设规划（2013-2022）》（苏政发〔2013〕86号）。《意见》和《规划》确定了生态空间保护、经济绿色转型、环境质量改善、生态生活全民、生态文化传播、绿色科技支持、生态制度创新"七大行动"。

>> 7月31日

中共中央政治局常委、国务院总理李克强主持召开国务院常务会议，研究推进政府向社会力量购买公共服务，部署加强城市基础设施建设。会议强调，将适合市场化方式提供的公共服务事项，交由具备条件且信誉良好的社会组织、机构和企业等承担。会议明确，加强市政地下管网建设和改造；加强污水和生活垃圾处理及再生利用设施建设，"十二五"末，城市污水和生活垃圾无害化处理率分别达到85%和90%左右；加强燃气、供热老旧管网改造。

>> 8月5日

省政府办公厅印发《江苏省"十二五"基本公共服务体系规划》（苏政办发〔2013〕152号），保障全体公民生存和发展基本需求，体现公平与正义。内容包括保障基本民生需求的教育、就业促进、社会保障、医疗卫生、人口与家庭、住房、文化体育等。

>> 9月10日

省政府出台《江苏省征地补偿和被征地农民社会保障办法》（省政府令第93号），维护被征地农民和农村集体经济组织的合法权益，保障被征地农民的生活和长远生计，规范征地补偿安置工作。

>> 9月26日

省政府办公厅印发《关于扎实推进城镇化促进城乡发展一体化意见实施方案》（苏政办发〔2013〕171号），推进各项重点任务的落实。明确了发挥规划引领作用、完善镇村功能布局、统筹城乡基础设施建设、打造生态宜居环境、深化体制机制改革、完善城镇化工作推进机制等六大重点任务的细化分解方案，提出省建立推进城镇化工作联席会议制度，联席会议办公室设在省住房城乡建设厅。

>> 10月12日

省政府正式批复《苏南现代化建设示范区城镇体系规划（2013-2030）》（苏政复〔2013〕100号），提出认真实施《规划》，对落实中央决策部署，促进苏南率先发展、科学发展，实现区域现代化，成为全国现代化建设示范区，具有重要意义。

>> 10月31日

省政府办公厅印发《江苏省流动人口居住管理办法（试行）》（苏政办发〔2013〕179号），提出居住证是流动人口在居住地就业、居住，进而享有基本公共服务、参与社会事务以及公平有序申请登记常住户口的有效证件。

>> 11月20日

省政府出台《江苏省城乡居民社会养老保险办法》（苏政发〔2013〕144号），提出在全省范围内全面整合新农保与城居保制度，建立城乡居民社会养老保险制度。

>> 11月24日至25日

省委十二届六次全会召开，就全省推进城乡一体化和城镇化进程提出了更加明确的路径，要求必须加快健全体制机制，形成以工促农、以城带乡、工农互惠、城乡一体的新型工农城乡关系，让广大农民平等参与现代化进程、共同分享现代化成果。

>> 12月12日至13日

中央城镇化工作会议于北京举行。会议要求，要紧紧围绕提高城镇化发展质量，推进以人为核心的城镇化，把促进有能力在城镇稳定就业和生活的常住人口有序实现市民化作为首要任务；要优化布局，根据资源环境承载能力构建科学合理的城镇化宏观布局,把城市群作为主体形态,促进大中小城市和小城镇合理分工、功能互补、协同发展;要坚持生态文明,着力推进绿色发展、循环发展、低碳发展,节约集约利用土地、水、能源等资源;要传承文化,发展有历史记忆、地域特色的美丽城镇。会议提出了推进城镇化的六大任务:(1)推进农业转移人口市民化;(2)提高城镇建设用地利用效率;(3)建立多元可持续的资金保障机制;(4)优化城镇化布局和形态;(5)提高城镇建设水平;(6)加强对城镇化的管理。

>> 12月17日

省政府召开第21次常务会议,学习贯彻中央经济工作会议和城镇化工作会议精神。会议指出,党的十八大以来,我省在扎实推进城镇化促进城乡发展一体化方面取得了积极进展,要按照中央城镇化工作会议新部署,坚持以人为本,尊重客观规律,注重提升质量,积极稳妥,因地制宜,努力走出一条符合江苏实际的城镇化和城乡发展一体化路子。会议审议并原则通过《江苏省大气污染防治行动计划实施方案(审议稿)》。

>> 12月23日至24日

中央农村工作会议在北京举行。会议深入贯彻党的十八大和十八届三中全会精神,全面分析"三农"工作面临的形势和任务,研究全面深化农村改革、加快农业现代化步伐的重要政策,进一步细化城镇化时间表,提出三个"1亿"目标,即到2020年,要解决约1亿进城常住的农业转移人口落户城镇、约1亿人口的城镇棚户区和城中村改造、约1亿人口在中西部地区的城镇化,推动新型城镇化要与农业现代化相辅相成,突出特色推进新农村建设。